日本で一番Ｊリーガーを育てた男は、なぜ大学サッカー部の監督なのか

～流通経済大学サッカー部監督・中野雄二の信念～

市田実

まえがき

日本代表中盤の要であり、主将の遠藤航（現リヴァプールＦＣ）が出場しない試合は代わりにキャプテンマークをつけるほどチームに欠かせない存在である守田英正（現スポルティングＣＰ）からこんなメッセージが届いた。

「大学での四年間は僕の人生を大きく変えました。選手としてだけでなく人としても大きく成長できました。親元を離れ寮生活で過ごしたことは自分を変える良い機会でした。今は海外でプレーしていますが日頃からいろんな困難があるなかで正面から向きあい、改善しようとする意識は大学で得たものです」

守田は流通経済大学出身（２０１７年度卒）である。

中野雄二監督指導の下、数多くのＪリーガーを輩出し続ける同大学の育成システムが生み出した選手のひとりだ。

高校時代は無名の選手に過ぎなかったが大学で飛躍的な成長を遂げた。全寮制で私生活を正し、仲間のサッカーに対する姿勢に影響されたことが大きかった。そして実力で当時６つに分かれたチームの下部からトップチームに這い上がり、卒業後は川崎フロンターレに入団すると１年目からレギュラーポジションを獲得。さらに日本代表入りを果たすまでになったのだ。

その活躍に中野は相好を崩して言う。

「大人になりましたよね。プレーも落ち着いているし、全体のバランスを見て他の選手の生かし方もできている。今のところ日本代表で守田に代わる選手はいないんじゃないですか」

そして成長した要因を語った。

「彼には学び取る力があります。教えられたことではなく、自分で考えてチャレンジするんです。たとえば、誰かのプレーを見ても、マネするだけでなく、もっと奥の部分で自分のモノにするというか。必要なことを取り入れて自分の形にできるんです。自分はどうあるべきか、どういう選手になるべきか、普段から考えているんです」

さて、そんな守田だが、まるで故郷に帰るかのように今も年に一度は大学の練習場に顔を出す。2024年春にも日本代表戦の合間に姿を現した。

突如、現れたSAMURAI BLUEの戦士に現役の学生は目を輝かせた。

「夢をあきらめず、頑張ってください」

学生を前に守田はそう言うと、あとは一緒に写真を撮ったり、個々と話をしたりと、嫌な顔ひとつしないで対応した。

中野は満足そうな笑顔を浮かべた。

「なにより説得力が違いますよね。現役の選手にすれば大学の先輩で、自分も同じ環境にいる。自分の立ち位置はそんなに悪くないと思えますから」

大学でプレーする選手には焦りや不安がある。——高校までなんの実績もない自分が大学で通用するのか。本当にプロになれるのか。

その意味で守田には格好の説得力がある。現在の活躍からは想像つかないが、守田は年代別の代表に選ばれた経験がない。Jリーグの下部組織に在籍したわけでもない普通の高校生が流通経済大学で成長した選手なのだ。

今や日本代表の中心選手となった彼に、中野監督について尋ねるとこう言った。

「本当に感謝しています。流通経済大学に進学し中野監督に出会わなければ今の自分はいません。愛を持って厳しく指導してくださりありがとうございました。日本を代表する選手として日本サッカー界に貢献できるよう引き続き精進します」

守田の後を追うように伊藤敦樹（２０２０年度卒）は浦和レッズからベルギー1部へと移籍して日本代表定着を狙っている。他の卒業生も虎視眈々と代表入りを狙う環境を作り上げた流通経済大学とは一体どのような大学なのか。

そして中野雄二監督とはどのような指導者なのか。

その指導方法を紹介する。

写真提供 / 流通経済大学サッカー部

日本に帰って来ると、時間の合間を縫って流経大に顔を出す守田選手。隣に写っているのは、中野監督の奥さんの博子さん。

目次

中野雄二（なかの ゆうじ）

生年月日　1962年（昭和37年）10月17日生

流通経済大学　スポーツ健康科学部　教授
課外活動強化部課推進室　室長
サッカー部　監督
女子フットサル部代表
流経大付属柏高校サッカー部（男女）総監督

サッカー協会　（一財）全日本大学サッカー連盟・理事長
（一財）関東大学サッカー連盟・理事長
（公財）茨城県サッカー協会・理事
（一社）日本サッカー指導者協会　理事
（一社）関東サッカー協会　理事

その他　NPO法人クラブ・ドラゴンズ　理事
社会福祉法人　育心会ながと夢保育園　理事
龍ケ崎ふるさと大使

学歴　茨城県立古河第一高等学校　卒
法政大学　社会学部　応用経済学科　卒

指導歴　1987年～1991年
水戸短期大学附属高校（現・水戸啓明高校）監督
1992年～1996年
プリマハム（株）　プリマハムFC土浦　監督
1997年
水戸ホーリーホック（現・J2）初代監督
1998年～現在
流通経済大学サッカー部　監督

市田実（いちだ みのる）

スポーツライター・原作者

栃木県出身。大学在学中からフリーランスライターとなる。現在はスポーツをメインに活動。著書に「琉球ボーイズ」（小学館）「海のかなたの甲子園」（双葉社）「白球は震災を超えて」（同）など。漫画原作に「ハイサイ！甲子園」（小学館）「ナツカツ」（同）シナリオ協力に「僕らはそれを越えてゆく」（同）など。

第1章

日本代表

守田英正の場合

写真提供／市田実

関西では有名だったが、各年代別代表には入ったことのなかった守田。流経大を経て、今や日本代表に欠かせない選手と飛躍を遂げた。

「大学生は厳しいことを言われているうちは可能性があるってこと。うちのＯＢがプロに行って試合に出ていますよね。他の大学からＪリーグに行った選手と比べても多いと思います。その違いは4年間、気持ちよくサッカーをやったか、うるさく言われたかの違いなんです」（中野）

まずは現在（2025年1月末時点）Ｊリーグで活躍する流通経済大学出身選手を並べてみる。

《Ｊ1》

○柏レイソル　坂田大樹（2016年度卒）
　　　　　　　熊澤和希（2022年度卒）
　　　　　　　中島舜（2024年度卒）
○浦和レッズ　安居海渡（2021年度卒）
　　　　　　　根本健太（2024年度卒）
○ＦＣ町田ゼルビア　新井栄聡（2017年度卒）
○川崎フロンターレ　佐々木旭（2021年度卒）
○横浜Ｆ・マリノス　山村和也（2011年度卒）

○清水エスパルス
○名古屋グランパス
○京都サンガF．C．
○ヴィッセル神戸
○ファジアーノ岡山
○サンフレッチェ広島
○アビスパ福岡

齊藤聖七（２０２２年度卒）
山岸祐也（２０１５年度卒）
菊地泰智（２０２１年度卒）
塚川孝輝（２０１６年度卒）
アピアタウィア久（２０２０年度卒）
宮本優太（２０２１年度卒）
佐藤響（２０２１年度卒）
小池裕太（２０１８年度卒）
オビ・パウエル・オビンナ（２０１９年度卒）
江坂任（２０１４年度卒）
田上大地（２０１５年度卒）
藤井海和（２０２４年度卒）
ジャーメイン良（２０１７年度卒）
満田誠（２０２１年度卒）
仙波大志（２０２１年度卒）
湯澤聖人（２０１５年度卒）

《J2》

○北海道コンサドーレ札幌　家泉怜依（2021年度卒）
○ブラウブリッツ秋田　小野原和哉（2018年度卒）
○ベガルタ仙台　林彰洋（2009年度卒）
○モンテディオ山形　加藤千尋（2020年度卒）
○いわきFC　山口大輝（2019年度卒）
　加瀬直輝（2022年度卒）
○カターレ富山　椎名伸志（2013年度卒）
○水戸ホーリーホック　渡邉新太（2017年度卒）
○ジェフユナイテッド千葉　日高大（2016年度卒）
　薄井覇斗（2021年度卒）
○徳島ヴォルティス　田向泰輝（2013年度卒）
○FC今治　三門雄大（2008年度卒）
　近藤高虎（2019年度卒）
○サガン鳥栖　今津佑太（2017年度卒）

○V・ファーレン長崎　中村慶太（2015年度卒）

《J3》

○福島ユナイテッドFC　宮崎智彦（2008年度卒）

○ツエーゲン金沢　白井裕人（2010年度卒）

西谷和希（2015年度卒）

○栃木SC　鹿野修平（2021年度卒）

○ザスパ群馬　高澤優也（2018年度卒）

○SC相模原　武藤雄樹（2010年度卒）

○アスルクラロ沼津　川村悠祐（2024年度卒）

○松本山雅FC　野々村鷹人（2020年度卒）

菊井悠介（2021年度卒）

前田陸王（2023年度卒）

渡邊乃斗（2024年度卒）

○奈良クラブ　寺島はるひ（2015年度卒）

○FC琉球　永井颯太（2021年度卒）

以上52人を数える。さらに現日本代表の守田英正（２０１７年度卒）はポルトガルの名門スポルティングＣＰの中心的存在だ。２０２４年夏には浦和レッズで活躍しＳＡＭＵＲＡＩＢＬＵＥにも招集された経験のある伊藤敦樹（２０２０年度卒）がＫＡＡヘント（ベルギー1部）、横浜ＦＣの宮田和純（２０２３年度卒）はＵＤオリヴェイレンセ（ポルトガル２部）へ、それぞれ移籍している。引退した選手を含めると、その数は１３０人を超え、ＪＦＬや直接海外に渡った選手を加えると１５０人以上のプロサッカー選手を輩出してきた。

これだけのＪリーガーを育てたのが流通経済大学サッカー部監督の中野雄二である。

今や『日本一Ｊリーガーを育てた男』と呼ばれる指導者は、どんな人間なのか。どんな指導をするのか。そんな興味を持って取材を続けてきたが、一言でいえば『昭和の熱血監督』というイメージが適切だろう。現代のマニュアル化された指導とドライな選手との関係と違い、時代に逆行したともいえる一歩踏み込んだ熱血指導で常時２００人を超える（２０２４年度２６７人）の部員を率いてきたのだ。

現代の若者が嫌がりそうな熱いキャラクターだが、それでも入部希望者は後を絶たない。具体的な指導法は後述するが、指導者にとって大切なものとはなにか、それを考えさせられる人物であることは確かだ。

中野は1998年当時、関東大学サッカーリーグの下部カテゴリーに属していた無名の流通経済大学監督に就任すると、それから25年の間にサッカー界の名門大学へと成長させ、数多くのプロ選手を育てあげてきた。そんな『日本一Jリーガーを育てた男』の長年の夢がワールドカップ日本代表に教え子を送り込むことだった。

それをかなえたのが守田英正である。2022年ワールドカップカタール大会に出場し、2戦目以降はレギュラーとしてベスト16に貢献。今やSAMURAI BLUEに欠かせない中心的存在となっている。

在学中は試合の度に守田を怒鳴っていたが、信頼は絶大だった。当時からこう言って称えていた。

「僕はこの年代では守田が一番出世すると思いますよ。今回のワールドカップ（2018年ロシア大会）には間に合わないけど、4年後、2022年のカタールには26歳になるじゃないですか。ちょうど脂が乗った状態で代表に入る可能性はありますよ」

中野が思い描いたとおりになったというわけだ。

一方の守田は、学生時代に自分のセールスポイントをこう言っていた。

「人を助けるとか、カバー、気を遣う部分というのは自信があります」

まさにそのセールスポイントが日本代表に定着させたといえるだろう。とにかくよく走る。ピッチ内を縦横無尽に走り、守備でも攻撃でも肝心な場面で顔を出し、勝利を目指す姿勢は大学時代と変わらない。

今や日本代表の中盤に欠かせない選手は、どのようにして育てられたのだろうか。

守田は大阪の金光大阪高校から2014年に入学。他の大学からも誘われていたが自ら流経大を希望した。

ところが、中野は守田の存在を全く知らなかった。

「関西地区の先生はみんな知っていて誘っていたらしいけれど、彼は流経に来たいって自分から受けに来たんですよ」

その守田にはどうしても流経大に行きたい理由があった。

「高校2年の時に付属（流通経済大学付属柏高校）と試合して、それまでは誰にも負けないくらいの自信があったけど、完敗したんです。ショックでした。その後、付属は日本一になるんだけど、こいつらと一緒にやりたいと思って。青木亮太（現北海道コンサドーレ札幌）と小泉慶（現FC東京）はプロに行くけど、他のメンバーは流大に行くと聞いたんで、自分も行こうと思いました。実は高校1年の頃から関西の大学に見てもらっていたけど、もっと厳しいところじゃないと自分は成長できないと思って。それで高3の時、総理大臣杯の流大戦を観に行ったんです。流大はめちゃくちゃ強くて、それで決めました。自信ですか？　なくはなかったけど、一番下のカテゴリーから始まっても頑張ればトップに上がれるだろうと思いました」

中野は、この姿勢が素晴らしいと称える。

「流経じゃレギュラーになれないかもしれないから他に行こうというのが普通でしょう。守田はそこに入ってやっつけようと思ったわけですから。実は（大学卒業して入団した）川崎フロンターレを選んだ理由もそこなんですよ。守田が入団する前年（2017年）にフロンターレが優勝したじゃないですか。守田は大阪出身だから大阪のチームを選ぶと思ったんです。いくつか話が来てましたから。そうしたら、監督、フロンターレに行きたいですって。一番強いところに入ってポジションを取りたいっていう感じなんです」

近年、流経大の部員は常に200人を超え、チームはレベル別に分類される。上からトップチーム（関東大学サッカーリーグ1部）、流経大ドラゴンズ龍ケ崎（関東サッカーリーグ）、流通経済大学FC（茨城県リーグ）、流経大U－22A（インデペンデンスリーグ）流経大U－22B（同）流経大U－22C（同）。トップチームは関東大学サッカーリーグの優勝と総理大臣杯全日本大学サッカートーナメント大会、全日本大学サッカー選手権大会（インカレ）

において大学日本一を目指す。ドラゴンズと流経大FCは社会人と闘うことで力をつけトップ昇格を狙う。インデペンデンスリーグとは関東大学サッカーリーグに出場できない選手のための公式戦である。さらに2021年からは社会人の千葉県リーグに加盟する企業チームに流経大の部員が参加するようになった。OBが入社した新チームで少ない選手を流経大の部員が支える形だが、それを加えると全7チームになる。そこで選手はレベル別に振り分けられ、各チームを指導するコーチの判断で昇格・降格が行われるのだ。

守田が入学して配属されたチームは、当時社会人の関東サッカーリーグ1部に属した流経大FCだった。本人が振り返る。

「うまい選手が多かった。大阪の時は自分の方が上だと思っていたから人のプレーを見て覚えたり盗んだりっていうのはなかったけど、ここでは自分ができないプレーをできる選手が多くて。そういうのを盗んでやろうと思ったので、毎日のサッカーが楽しかった」

中野が前述したように、当時から学び取る姿勢があったようだ。

流経大にくる選手のほとんどはプロ志望である。高校でダメなら大学からと考える自信家ばかりだ。それが入学と同時にレベルの差を見せつけられることで、自信を喪失し腐っていく選手は少なくない。厳しいことは覚悟のうえで入部してきた守田は、現実を素直に受け入れ上を目指した。

トップチーム昇格は意外に早く1年生冬のインカレ直前だった。

当時のトップには江坂任、川崎裕大（元サンフレッチェ広島、横浜FCなど）、鈴木翔登（現クリアソン新宿）、湯澤聖人、中村慶太、田上大地、古波津辰希（元栃木SC、栃木シティFC）、西谷和希、山岸祐也、中島宏海（元ブリオベッカ浦安、グルージャ盛岡）、塚川孝輝、藤原雅斗（元ザスパクサツ群馬、tonan前橋など）、ジャーメイン良、今津佑太、渡邉新太といった今やJリーガーとして活躍する選手が顔を揃えていた。

守田は、ベンチを温める時間が長くなった。

それは彼のポジションによるもので、当時は競争の激しいトップ下だったのだ。

中野が当時を振り返る。

「今では想像がつかないけれど、テクニックがあったからあまり動かないで足元でボールを受けて、さばいてという選手だったんです。だから関西エリアの人たちはみんな驚いていますよ。あの守田がボランチだ、サイドバックだ、センターバックだと守備中心のポジションをこなしている。『金光大阪のあのトップ下がああなったの？』って」

コンバートを指示したのは中野本人だった。それはトップチームに上がって間もなくのこと。

「姿勢がいいですよね、背筋が伸びていて。だから守備で使った方がぶれないぶん、力を出せると思ったんです。守備は勢いでやるもんじゃない。ある意味、受け身じゃないですか。相手の配置とか状況からやろうとしていることを先読みできるか。この体勢ならこっちにコントロールするな、ダイレクトではたくな、あるいはドリブルするなとか、いくつか選択肢があるなかで、こうなったらこうしよう、こうされたらこうしようと対応できるポジションなりの重心の置き方をするのが守備です。姿勢の悪い人は下を見ちゃうとか全体像が見えないから予想外のところにボールを運ばれると慌てて後手後手にまわることが多いけれど、姿勢のいい人は全体が見えるし、選択肢が3つ4つあって相手の攻撃パターンをわかっている人なら困ることが少ないんです」

姿勢が良ければ次の動き出しも早くなる。逆に動き出しが遅れると無理に足を出すことでファウルを取られたり、自身の故障につながることも多くなるだろう。

「守田は性格的にも謙虚だから守備向きなんです。フォワードは本能的な感覚が必要だけど、守備は組織でしか守れない。そういう意味でもうしろで使う方が力を発揮すると思ったんです」

3年はサイドバック、4年になるとボランチやセンターバックでの試合出場が増えてきた。もちろんチーム事情もあるが、それを受け入れた守田は言う。

「3年の時は監督によく怒られました。慣れないポジションだったからよけいですよね。自分が関わっていないプレーでも怒られたんですよ。自分がベンチに近いポジションにいたから、その選手に伝えてくれと中継の役割として怒られることもあった（笑）。だけど、『怒ることは期待の裏返しだ』と言われて。理不尽なことで怒られても期待してくれているんだと前向きに受け止められたし、そうやってくれたことで我慢強くなれたと思います」

中野は苦笑いを浮かべながら当時を振り返る。

「本人は言わないと思うけど、僕のこと大嫌いだったと思いますよ。『うるせえな、なんで俺のことばかり怒るんだよ』と思っていたんじゃないかな」

確かに中野はよく怒る。いや、『怒る』というより『叱る』といった方が適切だろう。『怒る』というのは自身の感情であり、『叱る』は相手への助言やアドバイスが含まれる。

当時、中野は試合中もベンチ前に仁王立ちし、90分間、叱りっぱなしだった。ただ、『叱る』という行為に中野は信念を持つ。

「もともとベースとなる技術が高いから守備のこととか口うるさく言ってきたんです。そのまま好き勝手やらせていたら今の守田はないですよ。大学生は厳しいことを言われているうちは可能性があるってこと。うちのＯＢがプロに行って試合に出ていますよね。他の大学と比べても多いと思います。その違いは４年間、気持ちよくサッカーをやったか、うるさく言われたかの違いなんです。今は選手を理解して楽しくやるとか褒める指導が主流じゃないですか。もちろん僕も褒めたりしますよ。だけど、もっと高いレベルを追求したら多少の成功で満足しちゃいけない。仮に優勝しても、おまえがもっと上のレベルでやっていくには、こういうところを意識しないと通用しないんじゃないのかと。自惚れさせないようにしないといけないんです」

選手にとってはただ『怒られている』感情だけかもしれないが、中野には根拠があるのだ。現代の主流と反する中野の指導法だが、実は新一万円札の顔として話題となった実業家の渋沢栄一も著書『現代語訳　論語と算盤』（守屋淳　訳　ちくま新書）で同じようなことを言っている。

後輩の指導にあたる先輩にも、ざっと見たところ、二種類の人物があるように思われる。その一つは、何事も後輩に対して優しく親切に接する人だ。決して後輩を責めたり、いじめたりせず、手厚い親切で後輩を引き立てて、後輩の敵となるようなことは絶対にしない。（中略）

もう一方のタイプはちょうどこれと反対で、いつでも後輩に対して敵国のような態度をとる。後輩の揚げ足を取ることばかりをわざとして喜び、何か少しの欠点が後輩にあれば、すぐガミガミと怒鳴りつけ、これを叱り飛ばして、完膚なきまでにののしり責める。（中略）

どんなに欠点があっても、またミスを犯しても、あくまで守ってくれる先輩の厚い親切心は、本当にありがたいものであるに違いない。しかし、このような先輩しかいないとなれば、後輩の奮発心をひどく失わせるものである。

「たとえミスしても先輩が許してくれる」

とか、極端な例でいえば、

「どんなミスをしても、したらしたで先輩が助けてくれる。だから、あらかじめ心配する必要はない」

などと至極のん気に構えて、事業に取り組むにも綿密な注意を欠いたり、軽々しいことをしたりするような後輩を作ってしまう結果となり、どうしても後輩の奮発心を鈍らすことになるのである。

これに反し、後輩をガミガミと責めて、常に後輩の揚げ足を取ってやろう、やろうという気持ちの先輩が上にあれば、その下にある後輩は、一瞬も油断できず、一挙一動にもスキを作らないようにと心掛けるようになる。

「あの人に揚げ足を取られるようなことがあってはならないから」

と振舞いにも自然に注意するようになり、はめを外したり、怠けるようなことを慎み、一般的に後輩たちの身が引き締まるようになるものである。

つまり、叱られたくない一心から注意を怠らない、気を配るようになるということだ。また中野はそのために「考えろ」ともよく言う。守備なら失点しないためにどうするか。早い段階でボールを奪うか、パスコースを潰すか、シュートを打たせないか、考えることはいろいろある。プロを目指すなら現状に満足してはいけない。ましてやプロで活躍したいと思うなら、大学生相手に圧倒的な力を見せなければいけないと選手の気持ちを煽るのだ。

大学4年間を振り返って守田はこう言った。

「高校までは自分のことばかり考えてサッカーとか、サッカー以外もだけど、やってきました。流大に来て全寮制で人とつながりができて自分ひとりだけで行動してはいけないなと。4年の時には副キャプテンを任されて、上に立つ立場でもあるわけで、よけいに自分勝手な行動は出来ないなと。今は一歩引いて客観視できるようになりました。そういう面も含めてプレーに出ているのかと思います。思うに人間の部分での考え方だったり、そういう部分が大きく変わったんじゃないかと思います」

選手として成功するか否かは、ここが分岐点になる。流経大に来る選手のほとんどがプロ志望と前に書いた。つまり技術に自信のある選手ばかりと言っていい。

では、プロになる選手となれない選手の違いは何か。

それが『考え方』である。

守田自身、大学で変われた理由のひとつが寮にあると言った。流経大サッカー部は全寮制で部員は全員寮生活を強いられる。門限や禁酒禁煙などいくつかルールがあるなか、食事は決められた時間に全員がとらなくてはならない。

「自分は生活リズムがグチャグチャで夜中に遊びに行ったり、朝食を食べずに学校へ行ったり、高校の頃はそんな感じだったので、ちゃんとやれと言われないとできないタイプだったんです。だから寮で強制的にやらされたことが良かったと思います」

食事は身体を作る源であり、それがアスリートに大切なことはいうまでもない。一方で朝食を食べずに、そのままごみ箱に捨ててしまう部員もいる。食べ物を捨てる行為は農家や畜産、漁業などの生産業者や調理してくれた人の思いを無駄にすること。つまり思いやりにかけ、集団行動を軽んじていることである。これらの行動はすべてサッカーにつながるという。

守田と4年間同部屋で、流経大サッカー部主将だった石田和希（元ＨｏｎｄａＦＣ）は寮生活の長所をこう言った。

「たとえば自分は筋トレなんかしたくないけど同じ部屋の奴が行けば一緒に行くとか、朝食もこいつが行くからとか、いい意味で影響されるし、そういう部分で成長する部分はありますね。一緒に生活すると、人間的な部分がプレーに影響するってこともよくわかります。規則正しい生活をしない、落ち着きがない奴は試合に出てもあたふたしますよね。4年の時は俺とかヒデ（守田）はキャプテンと副キャプテンでもあったから、どうやっていい寮にするか、結構まわりに気を遣ってきました。そういうのはプレーにも現れていると思います。試合でも時間帯を考えながら頭でこうした方がいい、疲れが出てくる時間帯はこうしようとか、いろいろ考えてやるようになりました」

この石田こそが流通経済大学付属柏高校サッカー部の主将で、守田が流経大進学を決めるきっかけを作ったチームのリーダーである。故障が多かったためにプロをあきらめＪＦＬに進んだが、大学入学直後からトップチームに加わるなど非凡な能力を見せた。

その石田から守田は多くのことを学んだという。

「朝、みんなが寝ている間にひとりで起きて走りに行くんですよ。それを見て自分もやらなきゃいけないなと思いました」

写真提供／市田実

2017年当時の流経大キャプテン石田（写真右）と副キャプテンの守田（写真左）。

プロを目指す選手は普段の努力が違うことを思い知らされた。部屋によってはゲームばかりしていて夜更かししている選手もいるが、石田と守田の部屋はストイックにレベルアップを目指した。

では大学4年間で、守田がどれだけ変わったか。石田が証言する。

「高校で試合した時も普通に足元の部分もうまかったけど、大学に来て相手のボールを奪う能力が絶対的に伸びましたね。監督がいつも言っていたけど、ヒデが後ろにいると安心するんですよ。それとパス一本のこだわりがあって、それは練習の時から意識してやっていて、成功してもしなくてもトライしているというのは常に感じてました」

ボールを奪うということは、相手の動きをよく見ている、あるいは動きを読んで、取りやすいように相手を追い込むことである。

「流大はどっちかというと守備重視のチームなんで、入った時から守備のことで言われ続けてきました。いつの間にか感覚的に体が覚えて、守備が得意になったんです。だから昔はビデオを見るときも攻撃を中心に見ていたけど、今は守備側のバックだったり、ボランチでも守備的な選手のプレーを良く見てますね」

守田が言うように、もともとはチームから求められていたものにすぎない。それを追求・研究することで鋭い洞察力が生まれプレーが見違えるようになったというわけだ。

守田が進化したきっかけは2017年、大学4年生の夏に台北で行われた大学生の国際大会『第29回ユニバーシアード競技大会』(現FISUワールドユニバーシティゲームズ)だった。彼が初めて代表という肩書きを経験した大会だ。同大会で日本はイタリアやフランスを破って優勝したのだが守田が帰国するとチームの仲間は驚いた。

GKの新井栄聡はこう振り返る。

「やっぱ守田が4年間で一番成長しましたよ。元々うまい選手だったけど、プロならどこにでもいるような選手でした。それがユニバから返ってきたら格が違ったというか。守備のプランが2個ぐらい先までできていて、一緒にボールまわしをしても学ぶことがたくさんありました。こうきたらこうするとか、うまくいえないけど、自分ができる形をチームにはめていこうとしていて、ひとりずば抜けている感じがした。わかりやすくいうと、ボール回収率が高くて二人分ぐらい守備している感覚です。サッカーの頭がいいんでしょうね。ここに出したら相手に取られる、この位置で自分がこう受けたら取られるというのを把握しているんです」

中野が述懐する。

「自信を持ちましたよね。春先のデンソーチャレンジカップでMVPを取ったあたりからうなぎ上りに良くなって、Jのスカウトもみんな『守田はいいね』と言い出した。それがユニバでさらに自信をつけて、それまでとはまるっきり違うぐらい変わりましたよ」

デンソーチャレンジカップとは毎年春に行われる大学サッカーの地域別対抗戦である。各地域で選抜された選手を、全日本大学選抜、北海道・東北、関東A、関東B・北信越、東海、関西、中国・四国、九州の8チームに分け順位を争う。2017年2月に愛知県刈谷市で行われた第31回デンソーチャレンジカップ刈谷大会は全日本を決勝で破った関東Aが優勝した。全日本は夏のユニバーシアードに向けた選手編成で優勝候補の筆頭。守田は優勝した関東Aの主力で大会MVPにも選ばれた。その後、全日本入りしてユニバにも出場するわけだが、守田はいったい何をつかんだのか。

「ユニバを経験する前までは、割と自分の役割以外はしないというか、これだけやっていればいいという感じで、自分ができないことに目を向けたりチャレンジすることはなかったんです。ユニバ自体もチームは寄せ集めでうまい選手が揃っている。こういうサッカーをしたいから、それにあう人材を集めるわけで、自分のストロングポイントを出せばオッケーだった。だけど、大学に帰ってくるとなんていうか、チームとして弱いところが目について、頑張って埋めたいなという気持ちになったんです。もともと流大は勢い任せのところがある。だからトーナメントに強くてリーグ戦に弱いと言われるんだけど、そういうところで冷静に相手を見るサッカーをやりたいと思って、それで個人的にトライしてできることを増やそうとしたんです。ただ、それが裏目に出てチームに迷惑をかけたこともある。コーチからは勘違いするなときつい言葉をもらったこともあるけど、自分としては考え方も含めて、もっと幅広い視野でサッカーをしたいと思ったんです」

大学4年生のインカレではこんなことがあった。センターバックの守田にはボランチの選手に疲労がたまっているように見えた。守田はボランチの選手をうしろにおいて自分が前に出た方が効率はいいと考えた。ポジションチェンジをすると、監督から出るなと言われたが、チームのバランスを考えながらプレーするようになっていた。こういったチャレンジが彼を大きく変えたのだ。

当然、それは相手選手にも伝わる。守田は言う。

「相手が寄せてこなくなりました。今まで距離を詰めてきたのに警戒してか、自分は何もしないけど、相手が勝手に離れていくような感じでしたね」

石田が前述した「パス一本のこだわり」もそのひとつだ。それが現在の日本代表として見せる縦パスの精度に繋がっているのはいうまでもない。

守田は自身で研究を重ね、失敗を恐れずチャレンジを繰り返すことで現在の地位を築いた。言葉にすれば当たり前のことだが、この難しさはチャレンジをしなければわからない。失敗を繰り返すことでしか自分のストロングポイントは作れないのだ。

二人にこんな質問をぶつけた。

プロになれる選手とは？

「チャンスをつかめる人。監督に使われて結果を残せばどんどん上に行きますよ、この大学は。逆に自分は起用されて怪我して落ちていった感じだけど、ヒデなんかはチャンスをつかんでいった感じですよね。そういう選手は監督に信頼されてプロに行けるというのがこの大学のスタンスです」

石田がそう答えると、守田も同じ意見だと言った後、こう続けた。

「監督はいろんな選手を使ってみたいタイプ。下のカテゴリーから上げた選手もすぐに試合で使う人なんで、そういうのは他の大学ではあまりないのかなって思う」

さらに石田が続ける。

「選手にすれば、（監督やコーチが）見てくれているという感覚はあると思う。それぞれのカテゴリーに見ているスタッフがいて、いいなと思えばどんどん上げますから。4年間通してみると、頑張っている選手はどんどん上のカテゴリーに上がってますよね」

これが流経大の強さの源である。有名無名にかかわらず、頑張った人間には必ずチャンスを与える。だからこそ、多くの若者が集まってくるのだろう。

最後に中野との思い出を守田に尋ねた。

「いろいろあるけど、たとえば遠征でホテルに泊まると、朝、チーム全員で必ず散歩に行くんです。ある時、近くの交番を過ぎて目的地の公園に集合したら『おまわりさんに挨拶したか』って。『自分と関係ない人でも挨拶、会釈というのは日本の文化でもあるし、ちゃんとやらないといけないよ』と。そういう人としての在り方みたいなのを良く言われました。プロが決まって用具を決める時も、条件ではなくて信頼関係を大切にしろと。サッカーに関してよりもそっちの方がうるさいぐらいです」

中野はサッカーよりも人間教育に力を入れる。それは中野がサッカー指導者よりも教育者としての考えが強いためだが、むしろそれがサッカー選手としての成長を促進させ、結果的にチーム力の向上につながっているのだろう。

第2章

チャンピオンに返り咲く

大卒Jリーガーが多い理由

©JUFA/REIKO IIJIMA

2021年、第95回関東大学サッカーリーグ戦１部優勝し、胴上げされる中野監督。前年２部から復帰し、即優勝という快挙をコロナ禍の中、成し遂げた。

「指導者の一番の武器は何かといったら言葉です。いかに選手をその気にさせるか。どのタイミングでどういう言葉を使えるかが指導者の力量です。だから本当の言葉の奥深さをわかっている人でないとダメなんです。ワールドカップで優勝した国の監督に自国の指導者しかいないのはそのためなんです」（中野）

２０２１年11月13日。

千葉県成田市の中台運動公園陸上競技場で第95回関東大学サッカーリーグ戦１部最終戦が行われた。３連覇を狙う勝点39の明治大学と１部復帰を果たした勝点38の流通経済大学との対戦は勝利者が優勝というドラマチックな展開だった。しかも引き分けた場合は明治大の優勝ではなく、直前の試合で勝利した勝点40の駒澤大学が得失点差によって逆転優勝となる三つ巴の争いとなったのだ。

流経大は勢いに乗っていた。前週の早稲田大学戦では一方的な試合展開で勝点を稼ぎ、逆転優勝に弾みを付けた。ところが、この勝てば優勝という大事な一戦では緊張からか、選手の足が止まった。試合開始から明治大のペースで流経大は防戦一方。それでも明治大に決定機は作らせず粘っていた。

40分、中野が動いた。足を負傷し動きが落ちていたキャプテンのＦＷ満田誠を下げＭＦ永井颯太を投入。しかし、その直後の42分。自陣で明大にボールを奪われると瞬く間に得点を許してしまった。

重い空気が流経大イレブンを覆った。スタンドの応援団からは大きなため息が漏れた。

ハーフタイム——。

ロッカールームに中野雄二監督の大きな声が響いた。

「おまえら3点取ってこい！」

これはシーズン当初から続く中野と選手たちとの約束だった。一試合3点がノルマだった。ただ普段よりも迫力に満ちていた。

「おまえら、プロに行きたいんだろ！　こういう場面で取れないようじゃ、プロでは通用しねえよ!!」

その言葉に選手たちの目が変わった。プロになることではなく、プロで活躍することを目標としてきた彼らのハートに響く言葉だった。

この時、すでに7人のJ1入りが決まっていた。

菊地泰智（サガン鳥栖）、佐藤響（サガン鳥栖）、佐々木旭（川崎フロンターレ）、仙波大志（サンフレッチェ広島）満田誠（サンフレッチェ広島）、宮本優太（浦和レッズ）、安居海渡（浦和レッズ）。ピッチに立つ11人のうち7人がプロ、しかもJ1に内定しているというのだから驚く。

そのひとり、現在は名古屋グランパスで活躍する菊地がこう振り返る。

「監督の言葉で目が覚めたんです。あんなに強く言う監督は初めてくらいの感じで、多分、全員のスイッチが入ったんじゃないですか」

現在川崎フロンターレでプレーする佐々木旭はこう言った。

「どんよりとした前半の感じから点が取れる気がしなかったんですが、監督の言葉でスイッチが入りました」

後半は積極的に攻めた。前半とはまるで違うチームだった。菊地が続ける。

「後半はいつでも点は入るでしょみたいな感じで、イケイケでしたよね。相手も腰が引けてズルズル下がるだけだったから、これはイケると思いました」

後半開始間もない48分、その菊地がコーナーキックからゴール前に蹴り入れたボールを相手DFがクリアミス。それを佐藤響（現京都サンガF.C.）が決めて同点。

「自分はハーフタイムに怒られたんです。動きに連続性がない、他の選手とかみ合ってないと。このままだったら交代するぞって。それでやってやろうって思いました」

佐藤はそう言うと、さらに続けた。

「監督は期待している選手にはすごく怒るんです。それが自分への期待だとわかるし、やる気にさせてくれるんです」

そして74分には佐々木旭がゴール前に入れたグラウンダーのクロスを仙波大志が押し込み逆転。仙波が振り返る。

「僕は途中交代で出たんですけど、最後は仙波が決める、仙波がヒーローになるって言ってくれたんです。あの言葉に奮い立ちました」

試合はそのまま逃げ切った流経大が実に12年ぶり4度目の優勝を飾ったのだ。

表彰式が終わると選手たちは喜びを爆発させた。観客席に頭を下げ、応援団席にガッツポーズを見せた。そして、監督を胴上げする。みんな満面の笑みで少し重そうな体格を宙に舞わせた。

一方、胴上げされながら、中野は「よく優勝できたな」と思った。


この2021年、流経大は三つの難局に苦しんだ。

まずは6月にキャプテン問題が起きた。

新チームを作るにあたって中野をはじめとする指導陣は満田誠を指名した。例年なら最大人数を誇る流通経済大学付属柏高校卒業メンバーから選ばれることが多く、同校キャプテンだった宮本優太が適任と考えられていたが、今回はサンフレッチェ広島ユースからやってきた満田が選ばれた。その理由を中野が説明する。

「満田は元々口数が少なくて自分を見せないタイプだから、そういうところを変えたいと思ったんです。プロになるにあたって、もっといろんな人とコミュニケーションを取った方がいいだろうと。満田の成長を考えてのことなんです。確かに付属のキャプテンがリーダーをやった方がまとまると思うけど、そうじゃないときにどういうことが起きるのか、チャレンジしてみたいというのもありました」

満田はチームをまとめようと奮闘した。しかし、思うようにいかずチームから不満が噴出した。そのうえ、自分のプレーまで乱れてしまった。

苦悩するキャプテンを見て監督は思った。

「僕も高校、大学とキャプテンをやってきたから、あの苦しさはわかる。でも、それを乗り越えさせないと成長できないと思ったんです」

ところが6月のある夜、11時頃に満田から電話がかかってきた。

「チームの話し合いでキャプテンを変えるという話になったんで、自分は降りようと思います」

中野は暗い声の満田に尋ねた。

「お前は降りたいのか」

「……」

何も言わないスマホから満田の悔しさを感じた。

「わかった。続けろ」

翌日、宮本がやってきた。

「僕がキャプテンやろうと思いますが、よろしいでしょうか」

理由を聞くと、満田はチームのことばかり考えてしまって彼らしさがなくなってしまっている。負担を減らせば去年のようなのびのびとしたプレーができるのではないかという、ある意味、満田を思ってのことだった。

「ダメ、却下」と断言すると、中野は続けた。

「それは満田の人間としての成長を奪うことでもあるんだぞ。人間というのは悩んだ方が成長するんだ。失敗した方が成長するんだ。サッカーだけのことを考えての判断なら却下だ。俺は別にサッカー選手を育てているわけじゃない」

黙っている宮本に中野は言った。

「お前がダメというわけじゃなくて、満田をどうやってキャプテンとして立ててみんなで協力してやっていくか、考えろよ」

それは宮本という人間を育てるためでもあった。中野は言う。

「宮本がどうやってリーダーシップを取りながらキャプテンを支えていくのか。そういう役割を与えたんです」

二人は釈然としないまま、元の形に戻った。チームを強くすることを考え、それぞれが行動を始める。

宮本はリーダーシップを発揮した。

「最初は練習がすごく緩く感じて不満がありました。それで監督にも相談したけど途中からはキャプテンじゃなくても口うるさく言うようにしました。キャプテンは嫌われなきゃいけないと思ってるけど、別にキャプテンじゃなくても嫌われていいやと練習から口出しするようにしました。そうすることで少しずつ練習の強度が上がってチームの状態も良くなったので自分も満足しました」

満田もキャプテンとしてチームのために行動した。

「自分だけのプレーではダメだし、逆に周りを意識しすぎて自分のプレーがダメになってもいけない。そこが一番難しかった。でも、キャプテンをやったことで周りを見ながら自分のプレーだったり声かけだったり行動の選択ができるようになったのは、一番変わったことかなと思います」

優勝決定戦となった前出の明大戦で満田が途中交代となったと書いた。そのとき、満田はピッチから出ると少し足を引きずるようにして悔しそうに振り返る姿が印象的だった。

試合直後に中野を取材するとこう言った。

「実は半月板に痛みがあって、プロに入ってからでは出遅れてしまうから早めに手術するように勧めたんです。でも、本人は4年でキャプテンだからリーグ戦を最後まで戦ってみんなで優勝したいと。みんなを引っ張って12月のインカレまで戦いたいから手術はしたくないと言うんです。人間的に素晴らしい？　はい。そういう子だからキャプテンにしたんです」

そしてこう続けた。

「多くの指導者は目先の勝利だけ考えてキャプテンを変えちゃうんです。もちろん悩んで病気になるようなら変えるべきです。でも身軽にさせるだけでは成長のチャンスを奪うだけです。人間は悩んで、その殻を破って成長するわけじゃないですか。今は会社でもそうですよ。苦しいなら別の部署にした方がいいって。もっと本質を見てあげなきゃいけないと思うんですよね」

6月で前期が終わり8月スタートの後期に向けた調整が始まると、今度はチーム内で不協和音が起こった。J1内定7人というメンバーが揃っているが故の苦労ともいえるが、チーム内に競争原理が働かず、ただよう淀んだ空気を嫌った中野がメンバーを入れ替えたのだ。

前期は7人セットでスタメン起用したが、その内定者数人を練習試合でスタメンから外した。それは彼ら7人に、4年になってから成長の跡が見えなかったからでもある。外されたメンバーは納得がいかずふて腐れた。コーチとは口も聞かない。次第にコーチ陣も不満を訴え始めた。

コーチ会議で試合出場メンバーを選考する際、「○○はダメです」と断言する者まで現れた。周囲から話を聞いて事情がわかっていた中野は、今度はコーチの反応を見ようと、あえて外すよう訴えた選手を起用すると伝えた。

夜になると、そのコーチから電話があり、練習での態度の悪さや外したい理由を説明するが、監督の耳にはコーチの不満としか聞こえなかった。

「感情で使う使わないはダメなんです。この選手を使った場合、それは選手自身にとっていいことなのか、悪いことなのか。またチームにとってどういう現象が起きるのか。コーチはそれを考えて僕に説明できないとダメなんです」

指導者なら選手の将来性を考え、同時にチームを俯瞰の目で捉えられなければならない。そうなれば、自ずと選手との接し方が変わってくる。無視する選手と同じようにこっちも無視していては何も解決しない。ある意味、選手以上にコーチが成長しなければいけないと彼は考える。

結局、監督が選手に説明をした。

「ようはバランスの問題だと。相手チームによって戦術的な違いもある。だからスタメンから外れる時もある。後半から出て行ってチームを活気づけてほしい時もあると。何回か話すうちに選手は納得してくれましたよ。自分の役割を果たしたいと言ってくれた。そういうこともあって後期の7人は成長を見せましたよね」

また別の日の会議で、あるコーチが言ってきた。

「○○を使いましょう。今調子がいいですから」

中野はこう返した。

「調子が良くても寮生活を見ているとダメだと思うよ」

「でも、戦力的に考えたら使うべきじゃないですか」

「だったら負けても構わないよ。ちゃんとした人間で戦って負けたらしょうがない。だいたい俺の経験値でいうと私生活がダメな奴はやっぱりミスしたな、やっぱりダメだなってなるんだよ」

するとコーチは不満げなまま口を閉ざした。

中野には選手起用に関して信念がある。

「オフザピッチでダメな人間はオンザピッチでもダメですから。なんのためにスポーツに携わっているんだっていう原点からいえば、オフザピッチでダメな人間はピッチに立たせるわけにはいかないんです。やっぱり、２００人の部員が納得するメンバーじゃないと。これだけの人数のトップチームとなると、サッカーがうまいだけじゃダメなんです。人として憧れるとか目指す人物であってほしいわけです。長くこの仕事をやっているとわかりますよ。サッカーがうまい選手ばかり集めても勝てるわけじゃない。チームのあり方ってそういうところだと思いますよ」

選手個々のことを考えながら２００人を超える部員全体を思う。チームの強さはサッカー部全体が一丸になることだと信じている。

さらに8月上旬。リーグ戦後半戦が始まって間もなくのこと。今度は部員が新型コロナウイルスに感染した。発覚してすぐ一人部屋に隔離。感染した部員の行動から接触した部員16人を大学の施設で隔離したが、数日後、この部員とは関係のない1年生が発熱した。保健所に連絡して指定された病院で検査すると陰性と診断された。念のために一週間隔離していたところ、今度はまた別の部員が腹痛を訴えた。その子を隔離するため、陰性と診断された部員を元の４人部屋に戻した。隔離して二日目には症状も治まっていたので安心していたが、間もなく同部屋の部員が発熱した。おかしいなと思っていたらその翌日、検査をした病院から連絡が来て、職員の手違いから連絡ミスが生じ、陽性のはずが陰性と連絡してしまったというのだ。そこからクラスターが発生し、瞬く間に38人の感染者が発生した。

8月から9月にかけて、合計で約40日間、流経大は活動を停止した。

「うろうろするな！」

「龍ケ崎から出て行け‼」

近隣住民からのクレームは多い時で一日100件を超えた。大学側が影響を懸念して練習どころか大学施設の使用も禁止、ランニングさえ許されなかった。さらにサッカー部寮内での部屋間移動も認められず、ただおとなしく自室で時間が過ぎるのを待った。

シーズンはすでに始まっている。外出が解禁されてから2週間後、リーグ戦に復帰。40日間、部屋に閉じこもっていただけの彼らにコンディションを整える余裕はなかった。それでもコロナ感染から延期となった試合を消化するため連戦が組まれる。通常、リーグ戦は土曜日か日曜日の週一回だが、10月だけで2、9、13、17、20、23、27、30日と通常の倍となる8試合が行われ、選手は疲弊しきった。

それが影響したのか。明治大に必死にくらいついてきた流経大だったが、10月30日の法政大学戦で1－6と惨敗。優勝するためには落とせない一戦と考えていただけに、選手たちはがっくりと肩を落とした。

試合後、中野はメディアに向け笑顔を浮かべてこう言った。

「クラスターを出したことで流経大のサッカー部は出て行けと厳しい声をかけられたり、避けられたり、選手たちは本当に苦しく悲しい思いをしたと思います。走ることとさえ許されない日々をあんなにも長い時間過ごした彼らにとって、1－6の敗戦はどうってことない。だって来週にはまた試合ができるんですから。明日にはまたサッカーができるんです。できなかった日々を考えると、どうってことないですよ。あの日を経験した彼らだからこそ、今、できるサッカーがあるんです」

最初はやせ我慢かと思ったが、実は選手を鼓舞していたのだ。

この時点で首位は勝点39の明治大、2位が同35の流経大、3位が同34の駒澤大だった。流経大と駒大は延期した試合を11月6日に控えていたが、明治大は同13日の流経大戦を残すだけだった。

流経大は11月6日、早稲田大と対戦した。

監督の思いが選手に伝わったのだろう。足が止まった法政大戦から一転して積極的なプレーで前半から攻め続けた。

前出の菊地が振り返る。

「もう勝つしかないし、選手全員、絶対に負けないって感じで、僕のなかではあの試合が好きでしたね。点を取りたいから守備をする。そういう思いがみんな強かった。だから、みんな前に行くんですよ。前に前に。そうするとフォワードも裏を抜けるし、やっていて楽しかった」

観客席には4年生全員が応援に駆けつけた。新型コロナ感染予防のため声援は禁止されていたが、仲間のプレーに思わず「おー、おー」と感嘆する声が聞こえてきた。

結果、2－0で勝利。勝点を38として明治大と勝点差1にくらいつき最終決戦へと臨んだのである。

中野の言葉には選手の心に響くものがあるようだ。

現在、京都サンガF.C.でプレーする宮本優太は安心させてくれるという。

「監督は優しくてお父さんみたいな関係でやりやすかった。あの明治大戦の時も試合前、ホテルだったかグラウンドだったか忘れたけど、二人でいた時、『おまえはいろんなミスしてきたけど、今はそんなにミスしないから胸張って戦えば、絶対に大丈夫だよ』って言ってくれて。朝からすごく緊張していたけど、監督がそう言ってくれるなら大丈夫だと思って安心したんですよね」

前出の菊地は『経験値』に感心したという。

「リーグ戦の始めの頃、僕ら、明治とか法政とか強いところとあたって思うような勝点を取れなかったんです。でも監督は大丈夫だって。前期の後半になれば明治と法政とか、強いチームが同士が潰し合うから、俺たちは変なところで勝点を落とさなければ2位か3位で前期は終われるよって言ったんです。その言葉を信じて戦っていたら監督の言う通りになって、しかも最後の試合で逆転優勝できた。監督の経験値ってすごいんだなって思いました」

彼は、さらに続けた。

「監督は大事なことは本当に大事なんだって思わせてくれるというか。サッカーやっていると指導者から言われることってだいたい一緒じゃないですか。それって前にも言われたことあるよって。それの繰り返しだけど、監督は的確なタイミングで言ってくれる。だから、いろいろと考えさせられました」

結果、12年ぶりとなる関東大学サッカーリーグ戦1部優勝を飾ったのだ。

中野は言葉を大切にする。どのタイミングで、どういう言葉を使うか。普段から気を遣っているから選手の心に響くのだ。一見、黙って俺についてこい的な昭和の監督と思いがちだが、それとは一線を画していることがわかるだろう。

では改めて流通経済大学に来てよかったと思う点を選手に聞いてみよう。

佐々木旭はこう言った。

「人間的に成長できたことですね。サッカー選手の前にひとりの人間なんで、いい大人になるというか、ここに来たからこそ伸びたかなと思います。共同生活しているとゴミがあふれたりするけど、自分で気がついて捨てるようになりました。実家に帰っても勝手に皿を洗ったり掃除とかするようになったので両親が驚いていました。どうしたの、そんなことやらなかったのにって（笑）」

安居海渡も寮生活について語る。

「みんなと一緒にいられる環境で、なんかあったらすぐにミーティングもできるしサッカーに打ち込める環境なのでここに来て間違いなかったと思います。寮だからルールとかあって厳しいんですけど、それでもみんなと一緒にいられたというのは財産になったと思います」

続いて佐藤響は環境が良かったという。

「グラウンドとか筋トレとかハード面もそうだけど同期の存在が大きい。同期の活躍が自分を奮い立たせてくれたから成長できたと思います。4年間で一番成長できたところですか？高校の時は自分のためだけにサッカーをしているような選手だったんです。守備なんてしなかった。大学に来てからは仲間のために走るとか戦うとか、仲間に応援されるようなプレーができるようになりました。そういう人間性の部分は成長できたと思います」

菊地泰智も仲間の存在を語った。

「プロになる、なりたいという思いでみんな真面目に強く生きている感じがする。それが自分には絶対的に足りなかったところなんです。みんながふざけていたら自分も一緒になってふざけていたと思う」

やはり同じ目的を持つ仲間からの刺激や影響が大きいようだ。それが人間的な成長を促し、結果的にプロへとつながっているということなのだろう。これこそ全寮制最大のメリットといえる。

最後は中野監督について聞いてみた。キャプテンだった満田誠はこう言う。

「自分らの世代がこれだけJリーグに行けるのは本当に監督のおかげだと思います。萇《チョウ》さんが恩師だし尊敬するという人もいるけど、それを招いてくれたのは監督です。自分たちがサッカーできる環境を作り出してくれているのは監督なんで、自分にとって恩師は監督です」

佐々木は「厳しい人です」と言って続けた。

「でも、認めさせたいと自分は思っていました。J1に入る7人の中では結構怒られていた方だし、最後までおまえはまだまだだなって言われて、悔しい思いをしました。監督は山村（和也）さんとか守田（英正）さんのことをべた褒めするんです。いつかそのレベルまで行きたいなって思います」

そして安居はこう言った。

「監督は選手をよく見ています。しっかりとその人をわかったうえで強く言ったりして、試しているんだなって。言わない人には言わないんです。言うにはいろいろ理由があります。自分の場合は逆にチャンスと捉えていた。これは試練が与えられているんだと思って行動していました」

２０２１年度卒メンバーは早い段階でＪ１に７人が内定していたが、のちにプロ入り５人がさらに加わった。薄井覇斗（松本山雅ＦＣ）菊井悠介（同）家泉怜依（いわきＦＣ）鹿野修平（同）永井颯太（同）。

サッカーはピッチでプレーできる選手は11人しかいない。それなのに同時に12人がプロ入りした。

中野と選手の思いが結実した結果に、ただ驚くばかりだ。

さて今回の優勝には、もうひとり立役者がいるので紹介したい。

現在、Ｊ１京都サンガF．C．で指揮を執る曺貴裁《キジェ》監督だ。流経大が関東大学サッカーリーグ戦１部で優勝した２０２１年。当時Ｊ２だった京都の監督に就任すると、わずか１年で12年振りとなるＪ１昇格を果たしてみせたが、実をいうと前年２０２０年の１年間だけ流経大のコーチを勤めている。その経験が彼にとってはもちろん、流経大にとっても大きな財産になったようだ。

その曺は、筆者を真っ直ぐに見つめるとかみしめるように語り始めた。

「僕がこうやって二本足で立てているのは中野さんに出会わなければ絶対になかった。『あの時』、賛否両論があるなか、中野さんは体を張って僕を受け入れてくれた。あの御恩は忘れません。一生を通じて返したいと思います」

『あの時』とは２０１９年夏のこと。

当時のスポーツ紙は湘南ベルマーレが連日一面を飾った。２０１２年から指揮を執る曺監督の選手やスタッフに対するパワーハラスメント疑惑が表面化し退任へと追い込まれたのだ。曺にすれば選手やチームを思って発した言葉だったが、それをパワハラととらえられ、その主張をＪリーグ（５試合の出場停止処分が下された）が認めたことは、本人には大きなショックだった。信念が揺らぎ、自分の存在は人を不幸にするのではという不安に苛まれた。

さらに追い打ちをかけるように11月中旬、日本サッカー協会（ＪＦＡ）から公認Ｓ級ライ

写真提供 / 流通経済大学サッカー部

1年だけだったが、曺貴裁《チョウキジェ》氏の存在は大きかった。また、曺貴裁《チョウキジェ》氏にとっても、ここでの1年は大きな糧となった。

センスの1年間停止処分を受ける。つまり1年間はJリーグの指導はできないということ。仲間と仕事を同時に失ったのである。激しく落ち込む姿に、家族から「自殺しないでね」と心配されたほどだった。

中野はJFA技術委員会のメンバーでもある。ライセンス停止処分は技術委員会に委ねられるため、曺の処分もJリーグが下した5試合出場停止処分に準じようと判断し理事会に諮《はか》った。すると理事会から「処分が甘い」と差し戻され、過去の判例（アマチュア界を含めた体罰などで下された事例）から1年間のライセンス停止が妥当と判断されたのだ。

決まったことは仕方がないとしても、問題は復帰プログラムを誰も考えていないことだと中野は言った。

「もう周囲は誰も関わりたくないという雰囲気でしたね。僕だって曺さんと仲が良かったわけではない。2、3回話した程度。湘南と練習試合した時と、確か卒業生の結婚式で一緒になった時の社交辞令程度の会話ですよ」と言ったあと、語気を強めた。

「だけど1年も現場から離れたら、もう戻れなくなるかもしれない。そう考えたら助けてあげたいと思って。今の時代はひとつの失敗で首を切られるから教員とか指導者が育たないんです。もちろん失敗しない方がいいんだけど、失敗して学ぶことも少なくないじゃないですか。助けてあげたいというと上から目線になってしまうけど、同じサッカー界で苦しんでいる人を見捨てるわけにはいかないと思ったんです」

さっそくＪＦＡに問い合わせ、Ｊリーグの指導はダメでもアマチュアの指導は構わないと了解を得て流通経済大学での指導を頼んでみようと思ったのだ。

二人は東京駅で待ち合わせをした。

聿の暗くやつれた顔を見て、中野はことの重大さを感じた。そして自身の好物であるウナギに誘うと、こう言った。

「聿さん、うちで監督やってみないか。今回のことを反省しながら指導してみてはどうかな。プロで言えば新人と同じぐらいのレベルだけど、現場から1年離れると技術とか戦術とか感覚が鈍るから。Ｊに復帰したいなら雲隠れしないで現場に立ったほうがいいよ」

中野の言葉に、聿はようやく顔をあげた。

「ありがたいけど、まだ現場に立つ勇気はないです」

弱弱しいがはっきりとした言葉だった。そして、こう続けた。

「やったらやったでマスコミに何を言われるか…中野さんや流通経済大学が築いたものに傷つけることになりますから」

拒否されたが、中野はその言葉がうれしかった。本人が一番苦しい時期なのに流経大のことを心配してくれている。そのやさしさに、自分が守らねばという思いが強くなったという。

中野は思いつく限り、傷ついた男の胸に響くような言葉を投げ続けたが、吉は最後まで首を縦に振らなかった。

これ以上は無理だろうと中野は半分あきらめかけた。そして帰り際、ダメもとでこう言った。

「よかったら、年明けに施設だけでも見に来てよ」

吉は頷いたが、暗い顔色は変わらない。中野は社交辞令と思い、期待はしなかった。

ところが、年が明けると吉から施設を見させてくださいと連絡が来た。中野は驚きながらも、すぐにコーチ陣へ連絡した。そして（当時）10人のコーチ全員を揃えて迎えたのである。流通経済大学サッカー部の現体制を隠すことなく披露することが礼儀だと思った。

当時を振り返り、吉はこう言った。

「あの頃は、気持ち的に世の中からというか、いきなり目の前から道がなくなったような印象でした。中野さんから話をいただいても、指導の現場に戻るというイメージが持てなかった。むしろ、そういうことをしてはいけないのではないかと。声かけていただいたのはうれしかったけど、受けていいのかわからなかった」

ただ中野の思いは伝わった。

「僕が次に向かうためのチャンスというか、きっかけをいただいたと思いました」

こうして曺は流経大のコーチに就任したのである。

この2020年は流経大が関東大学サッカーリーグ2部に降格した年である。2004年に1部昇格して以来、16年振りのことだった。

実をいうと、中野は迷っていた。

「2部に落ちたことをきっかけに新しい流経を作って昇格した方がいいんじゃないか。僕がまたやって昇格しても進歩がないのではないかと。新しい流経をつくる転換期だとは思っていたんです。だからといって最初から曺さんに期待したわけじゃないですよ。でも、結果的に曺さんとの出会いはタイムリーでしたね」

コーチ就任当時を振り返って曺はこう言った。

「(湘南時代は)選手を指導するうえで僕なりの考えがあって声をかけたわけだけど、社会からは行き過ぎと見られたわけです。それを全部変えてやるのはある意味簡単だけど、極端に言えば嘘の言葉になってしまうじゃないですか。だからといって俺関係ねえよと、何も振り返らずにやるのもおかしい。自分はどうすればいいのか、なんかもやもやしているというか、深い森の中で指導しているような印象でした。中野監督はたぶん、そういうことも気づかれていたと思います。だから、いちいち監督に聞いていたんです。こんなんでいいですかって。ミーティングにも入ってもらって意見をもらいながらやったんだけど、本当にやりやすくて助かりました」

中野は相談されれば答えるが、基本は曺にすべてを任せたという。

「最初は研修という名目があったし、確かに曺さんがどんな感じに指導するのか僕もわからなかったけど、親のように最初からあれやっちゃだめだよ、というのは違うかなと。まずは観察して評価しなければいけないというのがありましたから」

ところが指導を始めた頃は曺に戸惑いが見られたという。

「やはりブランクがあったぶん、いいタイミングで言葉が出なかったみたいですね。こんなにも言葉が出せないのかと最初は悩んでいました。だから『全部俺がフォローするから。好きにやればいいよ。遠慮していたらつまらないよ』と言ったんです」

遠慮が言葉を奪うこともある。言葉を大切にする中野らしいアドバイスである。

次第にかつてのリズムを思い出していく曺の指導は自分が求めたものに限りなく近かった。

「全部とは言わないけど、サッカーの捉え方とか考え方とか本当によく似ているんです」

たとえば、筆者が観戦して感じたのは、前年より走る量が増え、ゴールまでスムーズに連携してボールを持ち込んでいるということ。これはボールがない場面で自分がどう動けばゴールに近づけるのか、戦術を個々が理解しチームとして共有できているためだ。確かにこのサッカーは、これまで中野が目指してきたものでもある。

「今までは怒られてやらされているという感じだった。そこを沓さんは、いつの間にか学生が楽しんでやっていると言えばいいのかな。元々うちはサッカーの4場面、つまり攻撃、守備、攻から守、守から攻、すべての場面で制圧しようというテーマでやっているけど、ボールがない場面で動くことがこんなに優位性があるんだ、動けばこんなに自分たちの思い通りに行くんだってことを気づかせてくれたのが沓さんなんです。求めているのは同じだけど、選手をその気にさせるのがうまいなーって思うし、勉強になりますよ」

流通経済大学サッカー部の目的は『社会に出て困らない人間教育』である。そのための目標が『大学サッカー日本一』だ。それを達成するため選手個々の努力はもちろん、控え選手も自身の役割を考えること。それが人間性を成長させ、社会に出ても困らない人間を育てる。そして戦術的にはチームのために、勝利のために選手には走ることを要求してきた。中野と沓の指導法ではアプローチが多少違うかもしれないが、目指すサッカーは同じだったということだ。

一か月もすると、中野はさらに何も言わなくなった。沓の指導に全幅の信頼を置いたのだ。

とはいえ、沓にすれば不安で仕方がなかった。

「中野監督は何も言わなかったけど、正直、僕の立場からすると、こういう風にやってくれと言われた方が楽なんです。今日は守備の練習やってくれとか、こういうのが弱いんで頼むよとか。でも中野監督は『青さんの好きにやってくれていいよ』と。たぶん、僕のことを考えて、同時にサッカー部のことも考えてのことだと思います。僕がやること、やろうとしていることを尊重してくれたんだと思います」

　基本、中野はコーチ陣に任せる。自身は強化部長のような立場に立ち、コーチを育てるといった観点からメニューをはじめ練習のほとんどを現場に任せるといったスタンスだ。時には口を出すこともあるが、ベンチから見守っていることが多い。コーチ就任して間もなかった青だが、中野からの信頼は相当厚かったようだ。練習メニューからチーム構成まで、すべてを任された。それはリーグ戦が始まっても変わらなかった。

「青さんは他のコーチたちに去年の映像とかを用意してもらい、どのくらい見たのかわからないけれど、チームのどこを直せばよくなるのか。選手個々のどこを伸ばせばプロのレベルで通用するのか、そういう視点で学生たちと向かい合ったんです。それだけ努力しているんですから、練習のやり方もミーティングもメンバーの構成もすべて彼に任せて、僕はマネジメントに徹しました」

　もちろん青から練習やメンバーについての確認はあった。しかし、中野が首を横に振ることはなかった。全面的に青を信頼していたのだ。

「流経大としてまた新しい歴史を作っていかなければいけないから言いたいことがあっても我慢しなきゃいけないと思ってはいたけど、実際、我慢はなかった。すべて任せられるという感じでしたよ」

リーグ戦を観戦すると、これまで中野の指定席だったベンチの一番端に朞が座り、コーチを何人か挟んで中野がいた。試合が始まると朞が立ち上がり、選手を叱咤激励していた。それはすべて、前年まで中野がやっていた行動である。

中野は決してベンチから立たなかった。

「それは我慢しましたよ。選手に言いたい時はありましたけど、僕が声をかけたら指導者が二人になっておかしくなるじゃないですか。だから端に行かないで朞さんとは距離を置いて、ベンチに用意してあったバナナとか食べてました（笑）」

信用したらすべてを任せる。

中野が一歩引くことで苦しんでいた朞は蘇ったのだ。

すべてを任された朞は、当時の流経大の印象をこう言った。

「僕、流経大が（2020年度のリーグ戦で）2部に落ちたって聞いてビックリしたんです。なんで落ちたんだろうとは思っていたけど…。ずっと攻めていながらカウンターでやられてシュンとするとか、多分だけど自分たちの力を出し切って負けるというよりは出し切れずに負けている試合が多いのかな。だからヘトヘトになって膝ついて負けるというよりは、なんか知らないうちに時間が過ぎて、なんで自分たちが負けたのか、なんで自分たちは勝てないんだろうかで止まっていたのかもしれないですね」

そして実際に指導してみるとこう感じた。

「みんなサッカーが好きなんだなと思いました。ただ、その思いをどうやって試合に落とし込めばいいのか、わからない感じだった。頑張るんだけど、この頑張りはどこにつながるんだ、と。どうやったら勝てるのか、それを求めているけど、考え方が一人ひとり違うという感じ。一生懸命熱くやることが、ともすると恥ずかしいと思ったり、そこまでやる必要ないだろうという奴がいるようにも見えましたね」

つまり、バラバラに見えたということだ。

中野との何気ない会話からも、その苦悩はにじんでいた。特にここ数年は、選手同士が距離を置くようになってチームとしてまとめることが難しくなったとよくこぼしていた。

曺は、まず練習の『雰囲気作り』からとりかかった。

流経大の練習はカテゴリーによって異なるが、平日のトップチームは授業が終わった午後4時45分から始まることが多い。この場合、曺は12時半頃クラブハウスに入ってスタッフとミーティングを行い、1時間ぐらい前からグラウンドにマーカーを置くなど準備を始める。選手は4時頃からポツポツと現れ、多くは練習開始5～10分前にやってくる。☐やスタッフに挨拶をすませると、あとは指示を待っていた。

「僕は何も言いませんでした。本当ならもっと早く来いって言いたかった。でも、毎日、僕らがこういう練習をするみたいな雰囲気作りをしていると、選手も早く準備しようってなるんですね。2～3週間もすると30分前には7～8割の選手がグラウンドで準備を始めるようになったんです。こうしろ、ああしろってやらせるのは簡単だけど、それでは本物にならない。考えさせるのはすごく大事だなって改めて思いました。僕、どっちかというとJ（リーグ監督）の頃は全部じゃないけど、先に答えを言っていたから。本当、勉強になりました」

☐には中野から言われた忘れられない言葉がある。

「選手が活き活きとやることが、すべてに勝る戦術だよね」

戦術優先のサッカーには限界がある。個人が活き活きと目標に向かってプレーするチームに勝るものはない。彼も同じ思いだった。そのためにどうすれば良いか、自分で考えた結果だった。

選手たちは☐の『準備』から練習で求めるものを意識し自分たちの心の『準備』を整えた。そうすることで練習内容は濃くなり、同じ1時間の練習でも練習内容は確実に進化していった。

注目すべきは『指導者の姿勢』と『準備』である。

もちろん、前年までJリーグで指導していたプロの監督という存在に選手たちが敏感に反応したこともあるが、何よりも曺自身が先にグラウンドに現れ準備をする姿が選手たちを刺激したのはいうまでもない。

これは中野の考えでもある。

「今の指導者はこまかく教えすぎですよ。結果を早く求めるなら答えを教えた方がいいけど、それでは選手のためにならない。主役は選手なんです。大切なのは、勝ちたいと思う選手が、たとえば速い選手をどう止めるか。うまい選手をどう抑えるか。選手自身が考えトライすることです。自分ひとりでダメなら仲間に呼びかける。よく選手に言うのは、毎日、一緒に練習しているんだからちゃんと話し合え、サッカーは助け合いだろうと。人を育てるというのは、そこにある人間関係を理解させ、構築させることでもあるんです」

たとえ選手同士で考えた作戦が自分の考えと違っても、選手の作戦を優先する。自分の行動に責任を持たせ、チャレンジと反省を繰り返すことで、やがて血となり肉となる。決して勝利への最短距離ではないが、そうすることで骨太なチームに育つのだ。

「遠回りになろうが、時間がかかろうが、学生に考えさせる。その代わり、チームは不安定になりますよ。でも、指導者はそれを恐れてはいけないんです」

さらに中野はこう付け加えた。

「よく曺さんは、誰の下に行っても認められるプレイヤーになるべきだと言っていた。短期間でチームを作ろうとする指導者は自分の戦術に当てはめようとして、それにはまらない選手は外そうとするけど、曺さんは選手それぞれの特徴をどう生かそうかという言い方をしてくれた。それも僕に似ていると思いました」


次に曺は選手にイメージを与えた。

「相手に『怖い』と思わせること。それが一番強いチームだと僕は思います。そのためのヒントは与えました。あとは選手たちが考えたことです」

そしてこう続けた。

「よく言ったのは、強いチームとは？　第三者的に見るとアップひとつとっても強いチームは違う。だからお前らは強いチームのアップをしろと。強いチームに見える行動をしろと。ボールを持った時に慌てふためいてボールを離すチームは強く見えない。いつもゴール前でビクビクしているようなチームはそれ以上にいけないという話はよくしました。だからアップはすごく変わったと思いますよ」

意識の重要性を説いたのだ。

ただし、強いチームに見える＝肝心なのは自信だろう。まさしく喜が語った通り、前年までの流経大は時折自信のなさを感じることがあった。圧倒的有利な展開でゲームを進めながら、たったワンプレーで全く別のチームに様子が変わってしまう。それまでの自信は影を潜めチーム全体がビクビクし始める。そうやってゲームを落とし、最終的には2部降格となったのだ。

では、自信をどうやって取り戻すか。それは結果しかない。

まずは練習から100パーセントを求めた。前出の宮本優太はこう言った。

「練習から100パーセントでやらないと使ってもらえない。それをみんなが意識して練習で手を抜かなくなったから、みんな一回りも二回りも大きくなれたんだと思います」

佐々木旭は印象深い指導を教えてくれた。

「お金をもらえる練習をしろと言われたんです。知らない人が見学に来た時、この練習ならお金を払ってみる価値があると思われる練習をしろと。たとえば一個のパスをするにしても、ただボールを蹴るのではなく、転がってくるボールの縫い目を見ながら止めて、蹴れと。そこまでこだわれと言われました。そういうのがプレーに現れると言われて意識して練習するようになりました」

これらの意識が彼らのプレーに変化をもたらせたことは容易に想像できる。ミスの少ない的確なパスと集中力の高いサッカーを生みだすことになる。

また、曺はビデオを駆使した。

自らヨーロッパサッカーのプレーを編集し練習前のミーティングで選手たちに見せた。選手の特性から考えて、我々はこういうサッカーを目指そうと。

それが「ゴールに向かうために一番有効な方法」という縦の攻撃である。曺は言う。

「サイドからのクロスだと相手のセンターバックは跳ね返す準備は出来ているんです。そういう攻撃が有効だとは思えない。やっぱり前に、縦にボールを入れないと。集散してサイドにあげると見せかけて中に送るとか。ショートパスを使うとか。前に人がいてバリエーションがあるチームの方が、川崎（フロンターレ）さんじゃないけど、一番点が取れるチームだと思いますよね。やっぱり前に人がいないとか、選択肢がひとつしかないと相手は守りやすいですから。そこは重点的に練習しましたね」

それを具体的な映像から選手に共通のイメージを与えたのだ。

前出の満田誠が解説する。

「自分たちが目指すサッカーを実際に見せてくれて、こういうサッカーをしたいので今日はこういう練習をやるからとメニューにつなげてくれるから自分もイメージしやすかった。このポジションでボールを取って攻撃に展開していく。守備では前線からのプレスだったらこういう動き方とか距離感を保っていくんだよと。事前にボードで見せてもらってもわかるけど、実際に動いている映像の方が頭に入りやすいし練習もスムーズに行えました」

そのおかげで2020年のチームは常にゴールに向かって選手たちが動いた。いくつものバリエーションをイメージし、それぞれの選手はボールが来ると信じてスペースを狙った。どこにパスを出すか。相手DFとの関係を見極め的確なパスを出した。そうやって流経大は得点を奪い勝ち星を重ねた。

そして2部優勝を果たし、わずか1年で1部復帰を果たしたのだ。

功労者は一年を振り返り、こう言った。

「Jリーグの選手に比べたら未熟だし、経験のない選手も多いから指摘する部分も少しレベルを落として伝えました。なるべく高圧的な言い方にとられないように、選手の感じ方を意識しながら、でもこれは違うよ、これは失敗したけどいいプレーだったと、気になったプレーについての価値を選手たちと共有しながらやったつもりです。中野監督にはいつもミーティングに入ってもらって、確認しながら進めました。おかげですごくやりやすかった」

パワハラで訴えられた経験が自身を萎縮させたが、訔は乗り越えた。寄り添う中野の存在が安心感を与えたのだ。

その中野については視野の広い人だと評する。

「すごく負けず嫌いで絶対に勝つということを念頭に置きながらも、選手には4年で卒業するまで試合や学生生活を通していい体験というか、次に生きる経験をしてほしいと99パーセントどころか100パーセント思っている。そこに打算とか保身というのは全然なくて、だからこそ周りに伝わるんです。茨城の全寮制に来た学生を人間的に大きくしてあげたいという思いは無茶苦茶強い。じゃなきゃ、200人もいるあの寮で自分が食事を作ったり、夜、選手を呼び出して話をしたりなんて、なかなかできることじゃないですよ。プラス、大学サッカーの理事長（全日本大学サッカー連盟理事長・関東大学サッカー連盟理事長）という立場も兼任されているじゃないですか。だから流経大だけじゃなくて全大学の選手すべてが切磋琢磨できる環境を作ろうと考えている。本当に視野の広い人だと思います」

中野の選手に対する行為は私利私欲ではない。選手のことを第一に考えてのこと。それに触れて亘の考えにも変化が見られたようだ。

「右から吹く風を無理やり左からにしないというか、自然と左から吹く風にする。中野さんの指導を見ていて、強制ではなくコーヒーが胸にしみるような感じで選手や周りのスタッフに伝わるようにした理解度の方が堅固だなと思うようになりました。その場でバンと机をたたくことも大切だけど、もうちょっと見てようかと、選手に自分でわからせた方が良い現象は出るんだと思いました。本当、選手の指導は子育てと一緒です。我慢とか辛抱とかが大切で、それは勉強になりました」

　蕾の存在があったから流経大の2021年の優勝があったといえる。一方、中野がいたからこそ、蕾が蘇った、いやむしろ成長したといえるのかもしれない。


　同じ2020年で、もうひとつ特筆したいことがある。

　ご存じのように、この年は新型コロナウイルスに世界中が苦しんだ。日本では3月に全国の小学校、中学校、高校が一斉休校、各種スポーツやイベントが中止になるなか、関東大学サッカーリーグも開催延期を発表。サッカーの練習は禁止となり学生は行き場を失った。どうすればいいのか。初めてのパンデミックに誰もがうろたえた。

　そんななかでも、中野は『らしさ』を見せた。

「うちは全寮制だから、ここ（寮）で生活を続けたんです。ほとんどの大学は練習やらないから帰省させたようだけど、うちは学長も『学生の面倒を見ろ』と。練習はやらなくても寮生活は普通にやるべきだろうと。その考えは僕も賛成です。帰省したら地方にいるおじいちゃんやおばあちゃんも困りますよね。全体練習はやらなかったけど、選手個々は大学のグラウンドで走ったりしていました。指示？　いえ、学生の判断です。僕らは強制していません。ただ、それで近所から苦情が来ました。うちの子供は学校が休みだから家でジッとしているのに、なんで大学生が走っているんだと。だけど学生は4人部屋で、そこにジッとしているというのはかわいそうですよ。みんなサッカーがやりたくて来た人間ですからね。ストレスを発散させるようなことをやらせないと。別に公園で走っているわけじゃない。大学の施設ですから誰に迷惑をかけているわけでもありませんからやらせました」

断っておくが前述した寮の部屋に閉じこもったのは2021年のことだ。ここでの話は2020年のこと。授業はオンラインとなり部活は停止。必然的に学生たちは寮で時間を潰すことが多くなった。マスクやトイレットペーパー不足に監督やコーチとともに選手も奔走した。

これまでと違う時間が流れたが、中野はそれまでと変わらず朝食を作った。朝食を作るのだ。詳しいことは後述するが、彼は監督という立場ながら寮で学生たちに朝食を作るのだ。詳しいことは後述するが、サッカー部の監督が200人を超す学生に調理するという話は聞いたことがない。そこでしかコミュニケーションが取れない学生もいるから、その時間を大切にしているのだ。

中野はコロナ禍でも食事を作りながら学生の顔色を窺い、様子を見ては励ました。明らかに元気を失っている学生たちのモチベーションの維持に気を遣った。

「学生によく話したのは、サッカーができないのは自分たちだけじゃないということ。世界中の誰もが経験したことのないレベルの感染症で世の中が止まっているんだから、自分たちだけが不幸だと思うな。ブンデスリーガだってプレミアだってやってないし、メッシだってサッカーができないんだと。だけど、いずれ再開する。おまえらだってサッカーができるようになる。でもな、お店や会社を経営している人は売り上げがないのに従業員たちへどう給料を払うか、家賃をどうやって支払うか、頭抱えてるんだよ。20年やった店を閉める人も出てくるだろう。なかには自殺する人がいるかもしれない。そういう人たちの苦しみに比べたら、比較するのは変だけど、サッカーができないことぐらいたいしたことじゃないんだよと言い続けました」

とはいえ、目に見えて元気がなくなっていく選手たちを見て、このままではいけないと感じた。また4年生にとっては最終年であり、集大成の年である。同時にプロやＪＦＬを狙う選手には最後のチャンスでもある。それを奪ってはいけない。そして中野は考えた。

関東大学サッカーリーグの再開である。

それは流通経済大学の監督としてだけではなく、関東大学サッカー連盟の理事長として大学サッカー界全体を見ての行動だった。

さっそく、リーグ加盟の各大学と交渉を始めると、多くの大学は賛同してくれたが、数校がリーグの再開に難色を示した。

「これまで経験のないことだから判断が難しいのはわかる。でも、結局は自分のことしか考えていない。責任を取りたくないんですよ」

中野には直接言わず、反対するチームの関係者は裏で好き勝手なことを言っていたようだ。流経大は2部に落ちてどうしても1部に上がりたいから無理してでもやりたいとか、書がいるうちになんとかしたいからとか——。そういう言葉が人づてに中野の耳に届いた。そしてコロナ禍で練習ができないからリーグ戦には参加できないと返答してきた。

中野はその大学まで足を運び、リーグ戦を開催するにあたって19ページにわたるガイドラインを作成し提示した。無観客、報道陣の制限、体温検査など、いかにリーグ戦を安全に運営するか、思いつく限りの提案だった。彼はリーグ加盟全校に参加してほしかったのだ。

当時を振り返り、中野は言葉を荒げる。

「できないじゃなくて、どうしたらできるのか。大人が考えなかったら学生や選手たちには大会は作れないんです。本当、学生のことを考えていないんですよね」

言いたいことはたくさんあるが、学生のためと頭を下げた。結果、それらの大学もリーグ戦に参加してきた。

ただ、リーグ戦開催は賛同したが、ほとんどの大学がグラウンドの提供を断ってきた。自校の選手の利用は認めるが他校の選手を敷地に入れることは認めないというのだ。確かにコロナ禍で人との接触を減らすよう国からも指示は出ていたが、それではグラウンドが足りない。結局、流経大が持つ3つのグラウンドと龍ケ崎市陸上競技場たつのこフィールド（流通経済大学龍ケ崎フィールド）の4面をメインに開催する運びとなった。さらに連盟は観光バスを全チーム分チャーターして送迎する。選手スタッフ32人を上限とし、それ以外はシャットアウト。マスコミも事前申請して体温チェックをした20人に限定し父兄もOBも控え選手もユーチューブ配信での観戦のみとした。そうやってコロナ対策に細心の注意を払いながら、7月4日、5日の週末からリーグ戦は始まったのだ。

それでもクレームは噴出した。

自分たちは片道3時間半かかるから流経大が有利じゃないか。暑さ対策のためとはいえ夕方の試合開始だと終わって寮に帰れば深夜で夕飯が食べられないとか、大学からの終電がなくなるとか、遠距離から参加する大学ならではの悩みだった。そのクレームのひとつひとつに中野は対応した。なによりも大切なのはリーグ戦の続行だった。

だから細かい仕事は自分たちが引き受けた。

関東大学サッカーリーグは1部2部とも各12大学が参加。週末の土日を利用して各6試合ずつ開催した。4面のグラウンドにはそれぞれ流経大の学生約20人が準備運営片付けのために配置された。流経大では200人を超える部員をコーチ（2020年当時10人、2024年現在は9人の）が面倒を見る担任制を敷いている。各コーチは各学年6〜7人ずつ、レギュラー控え関係なくバラバラに集めた選手24〜25人を担当し、学校生活やサッカー、就職の悩みなど、学校の先生のように選手と向き合っているのだが、そのグループ単位でひとつのグラウンドを担当させた。土曜日にグラウンドでボールボーイをして翌日曜日に試合をすることもある。当然、選手から不満の声も聞こえた。それでも中野は特別扱いをしなかった。

「トップチームも補欠も関係ないですから。そういう作業はみんな一緒でしょう。レギュラーだから免除するという考えは僕にはありません。もちろんコーチからは、これやらせたら明日動けませんよという声もありました。でも、動けなかったらそこまでじゃないですか。それで負けたら仕方ないですよ。これは教育ですから。自分たちの実力がそこまでだったと思うしかないよと言って僕は突っぱねました」

中野はそう断言したが、すぐに残念そうな表情になった。

「本当は他のグループの学生がトップチームの選手と代わってくれるようなことがあればよかったんですけどね。おまえ、明日試合だろう、俺が代わるよって。残念ながら、そこまで気が利く学生はいなかったということです」

中野は、どこまでも選手としてより人間的な成長を求めているのだ。

「大切なのは学生にどれだけ財産を持たせて社会に出してやれるかなんですよ」

監督というよりは教育者として選手の成長のためによりよい指導法を探しているのだ。

「僕だって若い時は自分のために早く結果を出してJリーグの監督になりたいとか有名な監督になりたいという野心はありましたよ。今もないわけじゃない。けど、主役は学生なんです。それに対して僕らはサポートするだけ。今は学生の成長を見るのが楽しい。成長曲線て、人それぞれ、みんな違うんですよ。こっちの思い通りにはいかない。そういう視点で選手を見られるようになりました。だからOBに言われます。監督がやさしくなったからチームが弱くなったって（笑）」

また、シーズンが始まって間もない、まだ暑い時期に明治大学サッカー部から飲料水が1000本送られてきた。

早稲田大学ア式蹴球部（サッカー部）からは栄養補助ゼリー5個入りが数十ケース届けられ、そのすべてに「流経大のおかげでリーグ戦ができています。ありがとうございます」という内容の選手からのメッセージカードが貼られていた。

中野はすべてのメッセージカードを寮の壁に貼った。それぞれの選手の思いが手書きされたメッセージを見て、不満を言っていた部員も口を閉ざした。むしろ、そういう風に見られていると知って頑張りだした。

1部のチームは土曜に試合をすることが多い。流経大は2部だったのでトップチームの選手も1部のリーグ戦でボールボーイや撮影など運営の手伝いをした。真夏の日差しが強いなか、汗まみれで働いた。他の大学の選手たちは、トップチームではなく試合に出ない1年生や2年生が手伝っているのだろうと思ったが、そこで汗を流す学生がトップチームの選手と知って驚いたという。その姿勢に他大学の選手たちは感動したのだ。

この2020年という年は、新型コロナウイルスに苦しんだ年ではあったが、多くの学生が育った一年でもあったといえるだろう。

第3章

全寮制で人間力を高める

私生活がいい加減な選手はプレーもいい加減

© スタジオ・アウパ　今井恭司

ある日の寮内での夕飯前の風景。監督夫婦が自ら作っているのも驚きだが、200枚を超えるお皿の枚数にも驚かされる。

「選手にははっきり言います。俺はグラウンド以上に寮生活のオフザピッチを見てメンバー決めることが多いからって。食事当番なのに、こいつ、テーブル拭かないな。しょっちゅうサボってるなとか。そういう奴には『お前はサッカーうまいかもしんねえけど、人のために、チームのためにやらねえから使う気になんねえーんだよ』って言います。そういう人間性はプレーに出ますから。私生活がいい加減な奴はプレーもいい加減、きちんとした人間はプレーもきちんとしています。オフザピッチでの考え方とか取り組み方とか人を思う気持ちっていうのがスポーツは大切なんです」（中野）

流通経済大学は2004年に関東大学サッカーリーグ1部に昇格して以来、同リーグで4度の優勝、全国大会で5度（総理大臣杯3度、大学選手権2度）の優勝を誇る強豪である。中野雄二は1998年に監督就任。関東大学サッカーリーグの下部カテゴリーである茨城県リーグに所属していたチームをわずか6年で1部まで引き上げた。その後は1部での強豪となり、プロ選手を数多く育て、『日本一Jリーガーを育てた監督』とまで言われるようになったのだ。

その理由を監督自ら断言する。

「流通経済大学サッカー部最大の特徴は全寮制です」

なぜ、全寮制がプロ選手を輩出するのだろうか。

流通経済大学サッカー部には4つの寮、『龍駿寮』『第2龍駿寮』『第3龍駿寮』『マンション寮』がある。茨城県龍ケ崎にあるキャンパスから2キロ程度の距離で周囲は畑が残る長閑《のどか》な地にある。寮には厳格なルールがあり、門限に禁酒・禁煙の他、授業の出席日数不足で試験が受けられない場合、たとえトップチームの選手でも試合に出られない。学生の本分は学業であり、サッカーをやりたいならきちんと勉強しなさいという教えである。こうしてサッカーに打ち込める環境を整えると同時に人間力の向上に力を入れてきた。

基本は4人部屋。現在、1年生だけは同学年での同室となっているが、2年生から4年生は学年、カテゴリーに関係なくいろんなメンバーをシャッフルしている。部屋割に関してはカテゴリー別に組んだり同学年で集めたりとか、一定期間ごとに試しているが正解はわからないという。ただ気を遣いながら他人と生活することは『協調性』や『思いやり』といったチームプレーの根源的な部分を育む。それが社会に出てからも役立つと考えている。

「今は上下関係を生かして上級生には部屋のリーダーになってほしいと思っています。下級生は24時間、先輩に気を遣うのは大変だけど、組織の中で先輩に気を遣う場面は必ずある。それは社会に出ても役立ちますよね」

中野は自信のある表情でそう言った。

しかし、現代社会において『寮』にはネガティブなイメージがつきまとうのも事実だ。かつて高校野球の名門校も寮でのいじめや暴力が発端で廃部へとつながった。近年では有名大学ラグビー部寮内でいじめ問題が起こり、さらにアメリカンフットボール部員が寮で大麻や覚醒剤を所持していた疑いで逮捕された。一部マスコミからは「犯罪の温床」という声まで聞かれた。また最近の若者は他人との共同生活を嫌がる傾向にあり、近年は寮の存在自体を見直す高校や大学も現れている。

ところが、流経大はそれをウリにする。

前章でも佐々木旭や安居海渡が全寮制のメリットを語っていたが、この章では流経大ならではの特徴を紹介したい。

筆者は中野を取材し始めた2011年当時、寮を訪ねて驚いた。早朝5時、監督自らキッチンに立ち200人を超える部員全員の朝食を博子夫人とともに作っていたのだ。約3時間、休む間もなく、中野が目玉焼きを焼いて、うしろでは夫人がご飯と味噌汁などを用意していた。

中野は力を込めてこう言った。

「僕は寮を通じて学生と向かい合う指導がしたかったんです」

大学の場合、多くの『寮』は学生主体で運営されている。前出の大学でも寮生活において

「基本的に各競技部や各人に任せています。大学生は大人という考え方で、プライバシーの確保にも十分配慮してきました」と事件後、学長がコメントを発表しているように、大学生は大人という考えから寮の運営を学生に任せてきた。

ところが流経大では逆を行く。中野が監督というより父親のような視線で寮生の面倒を見る。全寮制を始めた2000年当時は博子夫人とともに寮に住み込み、食事の管理や生活指導まで行っていたほどだ。現在はコーチが住んで目を光らせているが、今も食事は中野夫婦が面倒を見ている。

食事こそ、二人のこだわりである。

現在は体調に不安を抱える博子夫人を慮《おもんぱか》って夕食だけだが、数年前までは朝、夕の食事は博子夫人が中心となって選手全員の分を賄っていた。実家では朝食抜きが当たり前の学生でも寮では許さない。毎日、食堂でチェックして健全な肉体を作るため強制的に食べさせたのだ。

博子夫人に賄いを始めた経緯を尋ねると「暇だったから（笑）」と冗談を飛ばしてから続けた。

「業者に任せるのは嫌だったんです。時間が来れば帰ってしまうし、子供たちに冷たいご飯は食べさせたくないですから」

栄養面と温かいご飯にこだわり、身体だけではなく心の面にも気を配ったのだ。

博子夫人の取材は中野との同席で行った。夫人は隣に座る中野にいたずらっぽい視線を向けながら続けた。

「最初は30何人だったんですよ。1年生だけだったから。それが全寮制になって60何人になって、今は200人以上ですからね。まさかこんなになるとは思わなかった。正直、苦痛ですよ。だけど、家族みたいなもんだから。家庭だってご飯作るの面倒だって思う時あるじゃないですか。それと同じですよ。でも、やらなきゃいけない。大切なお子さんを預かっている以上、温かいご飯を食べさせなきゃっていう感じです」

2000年から20年以上、毎朝5時から学生たちにご飯を作り続けてきた。200人分ともなると、1日で60キロの米を消費する。それを全部、手で研いできたのだ。手伝ってくれる人は他にいるが、特にメインディッシュには手を出させない。それだけ食事にこだわってきたのだ。

「みんな可愛いんですよ。バカだけど（笑）。だから、このままでは社会に出せない、4年間で叩き直してやろうと思うんです。4年になって卒業が近づくと、ちょっとは大人になったかなと思うけど、入学当初は幼稚園児かと思うぐらい幼稚ですよ。あまり物事を考えていないし、軽く生きている感じがする。やっぱり親からも先生からも本気で怒られていないいからじゃないですか」

口は悪いが深い愛情を感じる。

こんなエピソードがある。

練習試合で味方に暴言を吐いた選手を中野はベンチに下げて叱り飛ばした。そして最後に言った。

「お前なんか練習に来るんじゃねえ。食当（食事当番）でもやってろ」

中野は反省を促し、自分から行動するのを待っていた。だが、いつまでたっても学生は行動しない。博子夫人は言う。

「今の子は帰れと言われたら本当に帰るし、食当やれって言われたら、ずっとやってる。その時も一か月ぐらいやってるから、いつまでやるつもり？　サッカーやりたくないの？　って聞いたら、グラウンドに行ったら監督に怒られるからって。でも、サッカーやりたいのなら監督を捕まえてお願いしますって、土下座でもなんでもしてやらせてもらえばって言ったんです」

そうやって中野の前に現れた部員は、いきなりこう言った。

「トップの練習に出させてください」

中野は呆れた顔になった。

「自分の発言（味方に暴言を吐いたこと）に対し、どう思っているのか。周囲に迷惑をかけたこととか、それを反省してこれからどうするから許してくださいというべきなのに、いきなりトップで練習したいとか何も考えていないんですよ。だから、ダメだ、来るんじゃねえって追い返したんです」

まるで小学生の相手をしているように聞こえる。その後、学生は練習に戻ったが、そうやって二人は辛抱強く学生の指導を続けているのだ。

二人を見て思うのは、間違っていると思えばしっかりと叱る。1年生でも4年生でも、メンバーでも補欠でも関係なくきっちり叱る。現代の希薄な人間関係で育った若者はウザいと思うかもしれないが、それが部員のためと信じて叱る。そこが逆に中野夫婦と部員との距離の近さを感じさせるのだ。

さらに博子夫人は部員の食事当番として手伝う姿勢に選手としての能力がわかるという。

「仕事させたらだいたいわかりますよ。言われたことしかやらない子、ぶつぶつ言ったり、かったり～とか文句言う子は使えない。やっぱり気が利いてテキパキできる子は違います。そういうのはサッカーにも出ますから。だから仕事に対する姿勢とか、いちいち言わなきゃダメなんですよ」

中野は選手起用に関しても博子夫人のアドバイスは効果的だという。実際に食事当番での対応はサッカーにも現れ、食堂で言われたことしかやらない学生はプレーも指示されないと動けないという。中野はよく「普段の生活がサッカーに通じる」というが、まさにこのことである。

現在、朝食はコーチ3人とチアリーダー部からのアルバイト3人にサッカー部1年生5〜6人の食事当番が加わって賄われている。夕食は月曜、火曜、水曜の3日間は博子夫人を休ませる意味もあって学食を利用するが、木曜から日曜までの4日間は今でも博子夫人が担当している。午後3時には厨房に入り、部員（2024年度）267人の食事を作る。後片付けをして翌日のメニューを考え、発注などを済ませて帰宅すると深夜1時を過ぎる。

中野もそれに合わせて4日間、夕食の手伝いをする。トップチームの練習は木曜日と金曜日が朝練。試合は土曜日が多く、チームが前泊する時も監督は龍ケ崎にとどまって夕食の手伝いをする。早くて夜9時、遅い時は深夜12時をまわることもあるが、それを済ませて翌日現地入りする。試合が終わるととんぼ返りして、また夕食の手伝いをする。そんな多忙な日常を送りながら、中野は嫌な顔ひとつ見せない。

「楽しいですよ。一時、大学内の仕事が忙しくて部員とふれ合う時間が少なくなったけれど、原点に戻れたようで充実しています」

最近は課外活動強化部推進室長という肩書きで大学部活動全体を統括する役割を担いサッ

カー部の練習に顔を出せない日も少なくない。それでも夕食の手伝いはする。ここまで学生のために行動できる監督は聞いたことがない。

しかし、それでも「食べたくない」と言って、手を付けることなくごみ箱に捨てていく学生も少なからずいるという。

ジュビロ磐田などで活躍し現在は福島ユナイテッドに所属する宮崎智彦はこう言った。

「よくいるんですよ。食べ飽きたと言ってパッと捨てる奴が。どういう神経しているんだと思いますよ。それで注意すると、お前には関係ないだろと言われてぶつかることもありました。そういう奴は絶対にプロにはなれないし、実際、なってないですから」

作ってくれる人の気持ちを思いやる。こういった思いは試合にも通じるものだ。苦しむ仲間を思いやり、自分はどうすればいいのか考える。あるいは相手選手の気持ちを考え、自分たちがどう動けば効果的か。また相手の動きからどこにボールが転がるか想像する。そういった想像力の面でプレーは格段に違ってくる。ようは『気づき』だ。それが劣れば、たとえ技術が優れていてもチームには必要とされない。チームプレーとは、仲間のため、勝利のためにどれだけ行動できるかということでもある。

また、現在浦和レッズでGKコーチを務める塩田仁史は博子夫人がいなかったら流経大サッカー部は成り立たなかったと断言する。

「博子さんは僕ら選手にとってお母さんみたいな存在なんです。僕が大学1年の時、風疹が流行って、僕も40度ぐらいの熱が出て苦しんでいたんです。それもオフでみんながいない時。寮にひとりで寝ていたら博子さんが看病に来てくれたんです。本当、博子さんには頭が上がらない。口は悪いけど、愛情がある。監督だって、博子さんあってこそじゃないですか」

中野夫婦が学生の親となって、本気で向き合う。それが人間としての成長を促し、数多くのプロを輩出する要因となっているのだろう。

中野は全寮制の重要性をこう言った。

「一人ひとり教育しようと思ったら、本当に親代わりの立場で見ないといけない。チームを7つに分けているから練習で全部は見られないけど、ご飯なら一様に全員の顔が見られる。家庭でも朝とか夜、子供と顔を合わせたときに元気がねえなとか、顔色が良くねえなとか、今日はご飯食べねえなとか、目を逸らしたから何か悪いこと考えてるなとか、親ってそういうところで変化を感じるわけでしょう。僕が全寮制で預かっているってことは親代わりなんだからレギュラー、補欠関係なくこいつおかしいなと思ったら観察する。それをしなかったら全寮制やってますって偉そうなこと言えないですよね。重要なことはそこじゃないですか。学生には組織のなかに身を置くとはどういうことか。それを寮生活からわからせないといけないですよね」

大学生を大人として扱い学生に運営を任せた他大学の『全寮制』と違い、自分たちの目で学生一人ひとりを見ている流経大の『全寮制』は別物といえるだろう。一見、子ども扱いしているようだが、そこには『親としての責任』を感じる。中野は寮の近くに家を建て、今も気になると寮にやってくる。そして部員たちと夜遅くまでサッカーのこと、プライベートのことなど話し合う。どこに自身のプライベートがあるのか心配になるほど、部員たちを思って行動する。いまや絶滅危惧種とも言える熱血漢なのだ。

また200人を超す若者は、よく問題を起こす。

サッカー部員のほとんどはプロを目指して流経大の扉を叩くが、年月とともに現実を理解し、ほとんどの選手がプロをあきらめるのが実情だ。それでも4年間、しっかりとサッカーをやり通す部員は心配いらないが、その一方、投げやりになって遊び出す部員が一定数いる。その一部が身勝手な行動を起こしてしまうのだ。

取材中も金銭問題が発覚した。寮内で金銭の貸し借りは禁止事項である。コンビニでの買い物でジュース代を忘れたから100円借りるとか、その程度は見て見ぬふりをしてきたが、今回は借金の規模が数十万と大きく大問題に発展した。事件の概要は数人の学生がパチンコにはまり、他の学生から借金したが足りず、今度は別の部員に学生ローンで借りてもらってまでパチンコを続けた。結果、返済してもらえない学生が困ってコーチに相談し発覚したのだ。借金総額も本人の自己申告には程遠く、調べれば調べるほど膨れ上がり、到底学生が返済できる金額ではないことがわかった。

中野も連日、その事件に付き合った。それぞれの親に連絡して寮まで来てもらい事情を説明。借金を完済させ、学生の処分も話し合うなど、深夜まで話し合いを続けた。

ここで気になるのが学生の処遇である。

事件を起こした学生には自主的に退学した者がいればサッカー部に残留した人もいる。全員退部させてもいいのではないかと話を振ると、中野は言葉を強くした。

「腐ったミカンがあることで、それが伝染するという考えもあるけど、彼らはミカンじゃない、人間なんです。周りがしっかりしていれば腐ったものだっていい方向に順応するかもしれないじゃないですか。そもそも腐ったミカンは捨てればいいというのは、教育じゃない。切り捨てるのは簡単だけど、そのまま社会に出すのは指導者として無責任ですよ。僕としては、ケースバイケースで対応するし、ギリギリまで面倒見ようと思ってます。だいたい組織というのは、４割が不満分子なんです。腐ったミカンを捨てて優秀な人を残しても時間とともに、そのなかから出世する人と取り残される人が出てくる。そこからまた新しい不満分子になるんです」

この取材時、監督は普段の温厚な口調と違って感情的になっていた。顔が紅潮し苛立ちも感じる。聞けば前夜は徹夜で選手や親と話し合いをしていたというから驚いた。監督という仕事は、そこまでしなくてはいけないのかと思わずにいられなかった。

やはり中野雄二監督は教育者なのだ。現在の肩書きは流通経済大学スポーツ健康科学部教授であり、かつては高校教員を務めた経験を持つ。部員の人間性にこだわるのはそういった背景があるのだ。

「社会に出た時に人から信頼されるだろうか。自分の役割を考えられるだろうか。弱者に対する優しさを持てるだろうか。そういう部分はスポーツで学んでいくものだと思うんです。いくらサッカーがうまくても人としての成長がなければ意味がないんです。僕とすれば、選手個々に自分の役割とか他の選手に対する思いやりが感じられて流経らしいといわれるようなサッカーができるチームにしたいんです」

そんな中野らしいエピソードをもうひとつ。

2015年9月、関東・東北豪雨による鬼怒川決壊の際にはこんなことがあった。ある知人から彼の元に救援要請があった。町中が泥に覆われ住民が苦しんでいるので助けてほしいと。他の大学に断られたので、流経大サッカー部に「助けてくれ」と懇願してきたのだ。

しかし、チームは関東大学サッカーリーグ戦の真最中。それでも迷う理由は一ミリもない。

即断した。中野は部員全員の派遣を決断すると、すぐにバスへ乗せてピストン輸送した。

現場に到着した部員は泥だらけの家からタンスなどの重い家具を運んだ。小学校の体育館では床に積もった泥を取り除く。乾きかけた泥は見た目以上に重く重労働だ。それが終われば水で流して綺麗にした。部員たちは困っている住民を助けたいと懸命に働いた。

しかし、なかには不満に思う部員もいた。泥だらけの部員20人程度が一列に並び流れ作業で家の中の荷物を運び出す。そのなかに監督が並んで働いていると、聞き覚えのある声が聞こえてきた。

「明日、試合なのにやってらんねえよ」

彼はその声の主を捕まえると、こう言った。

「だからなんだよ。目の前で苦しんでいる人がいるのにお前はサッカーやっていればいいのかよ」

選手は驚いた。みんな泥まみれで、まさか監督がいるとは思わなかったのだ。

中野は選手を引きずるように連れ出すと、道を挟んだ向こうにあった泥だらけの田んぼに「ふざけんな」といって放り投げた。

「困っている人がいたら助けるのは当たり前でしょう。その部員はトップチームだったけれど、しばらくは使いませんでした」

これも教育なのだ。

さらに、中野はこう言って最近の若者を心配する。

「今の子は全然けんかしないんですよ。寮のなかで誰かが煙草を吸っていても見て見ぬ振り。『あいつに言ってもどうせ聞かないから』という感覚なんです。好き嫌いは別として同じ価値観と目標を持ってこの大学に来て寮生活を一緒にしているんだから、ある意味、兄弟みたいなものじゃないですか。仲間をいい方向に歩ませる関係であってほしいんです。煙草とかパチンコとか、つるんで行くような関係になってほしくない。『それは違うんじゃねーの。なんのためにここに来たんだよ』と言える仲間であってほしいんです。だから学生には『仲間だろ、ちゃんと注意しろよ』とか『もっと話し合えよ』とか口うるさく言います。18歳になって手遅れかなと思う時もありますよ。だけど、言わなかったらその学生の感覚はずっとそのまま、社会に出ても変わらなかったとしたら大きな失敗や信頼をなくす場面に出くわしてしまいますよ。人間だから好き嫌いはあるし、こいつとは話したくない、関わりたくないとかあると思う。でも、この先の人生、今よりもっと嫌なこと、理不尽なことがありますよ。そういうなかで人間関係をどう構築していくのか。それがこの先のテーマになっていくわけだから、せめて同じサッカーという価値観のなかで向かい合っている仲間とは、もっと人間の本質的な部分で向き合ってほしいんです。大学4年間、うるさく言い続けるから、部屋に帰ったら『中野うるせーんだよ』と思うだろうけど、自分が父親になった時に『監督が言わんとしたことはこういうことだったのか』と気づいてくれればそれでいいですよ」

部員とすれば何か言って仲間に嫌われたくない。よけいなことを言わずに済むなら言いたくないというのが本音だろう。だが、それではチームとしての一体感は生まれない。また社会に出たときに影の薄い、期待されない人材になってしまうかもしれない。

中野はサッカーを通じて、人間関係を構築してもらいたいと考える。勇気を持って仲間に嫌われても厳しいことが言える。仲間のため、チームのため、物事を考えられる人間になってほしいのだ。

とはいえ、最近はかつての指導方法が通用しない部分も多くなった。

運動部の主流だった連帯責任もそのひとつ。

「昔は誰かが煙草を吸えば全員に坊主にしてこいとか反省文書けとか、そういう連帯責任でお互いを意識して迷惑かけないようにしたんです。ようは抑止力をかけたのが連帯責任です。今は個人主義で『あいつが煙草吸っているのなんて知らなかったから注意しようがないじゃないですか』『言っても聞かないんだからあいつだけ罰則与えればいい』と主張する。知っていたのに注意しなかったんじゃない、知らなかったのになんで責任取らなきゃいけないんだっていう理屈です。しかも今は坊主も体罰だから強制できないんですよ」

連帯責任の場合、ルールに反した人間は他の仲間に責められることもあるが、罪のない仲間が罰せられる光景を見て反省する。責める側もそういった光景を見てルールを犯さないよう心がけたものだ。また、そこで話し合い、チームに一体感が生まれることもあり、リーダーが誕生する素地は確かにあった。

現代は社会環境と若者気質の変化が著しく、教育現場はその対応に戸惑っている。かつては殴ってわからせた（少なくとも従わせた）こともあるが、今は社会が許さない。また口頭で注意しても聞く耳持たない状態で、それ以上の対処ができず、困り果てているような状況だ。

中野にも、その気配は随所に感じられる。しかし、やるべきことはひとつしかない。とにかく言葉にする。手間はかかるが、言い続けてわからせるしかない。それでもわからなければ、叱る。昭和の頑固親父そのものの厳しさで選手を叱責するのだ。断っておくが、大概、嫌いな相手を叱ることはない。無視するだけだ。これだけ叱るということは、中野がそれだけ選手を大事に思っている証でもある。

ちなみに現在残っている連帯責任は『乗り禁』と呼ぶ乗り物の禁止処分だけ。ノーヘル、信号無視といった道路交通法を違反したり、夜間使用禁止というルールを無視して近所から騒音などのクレームがあれば無期限の乗り禁になる。この場合、1年から4年までバイク、自動車が禁止となり、自転車か歩き、あるいはバスで通学、練習に参加することになる。

では、中野夫婦が『両親』となり面倒を見る寮だが、実際の部員たちはどう思っているのだろうか。

まずは2021年優勝チームのキャプテンだった満田誠はこう言う。

「サッカーの面より本当、寮生活が大変ですね。いろいろルールがあって、何かあったら自分の立場としては厳しく言わないといけない。下級生も同級生も平等に言わないといけない。それが難しかった。自分らの世代は他人から何か言われるのが嫌で、それをされてこなかったからか、言える人が少ないんです。人に言うことが嫌いというか苦手というか。でも、キャプテンとして自分がやらなければいけないと思って。それは一年を通していろいろ考えました」

本来、自分のことだけ考えていたいタイプだが、キャプテンとして行動することで人間的にも成長したというのが周囲の評価だ。それがプロ1年目から活躍している要因だろう。

次に13人のプロを輩出した2008年度卒、前出の宮崎智彦はこう振り返る。

「流大は全寮制だから、当然、ルールがあるわけで、場合によっては連帯責任になる。それで毎朝6時から走らされるわけです。もちろん問題起こした奴に文句言う時は言うけど、言ったところで走らされることに変わりはない。だから黙って走って、そいつの行動見て、どうするか。そいつを船から降ろすのか、手を引いてあげるのか、考えながら走っていました。何年も同じ釜の飯を食ってきた仲間だから簡単には見捨てられないですよ。寮生活？　正直、入学してしばらくは戸惑いました。ユース（FC東京U－18）から来たから団体行動に慣れていなくて。知らない人と同じ部屋で寝泊まりするわけだからストレスたまりますよ。だから入学して間もない頃は休みの度、地元に帰ってました。たった一日の休みでも前日から翌日の門限ギリギリまで。もともとは朝ご飯も食べないタイプでした。だけど、毎朝、中野さんと奥さんが作ってくれる。それを食べないわけにはいかないじゃないですか。サッカーは練習だけじゃない。食事も睡眠も大事なことだと教えてもらいました。大学生活を振り返ると嫌なことはあったけど、あの寮生活が僕を人間的に成長させてくれたのは間違いない。トップチームだけじゃない、そこに絡めない選手とか、いろんな人間がいて、仲間の大切さを感じた4年間だった。高校卒業してプロに入っていたら多分2、3年で終わっていたと思いますよ。人間的に未熟でしたから」

15年以上、プロで活躍できる理由はそこにあるというのだ。

宮崎と同期のサガン鳥栖などで活躍した池田圭（現サガン鳥栖スポーツダイレクター）は

こう言った。

「選手の振り幅が広いから監督は大変だと思いますよ。真面目な選手ばかりじゃないですから。寮には門限とか禁煙とかいくつか規律があるけど守らない奴がいる。当時は連帯責任で1年全員が坊主になったり。やった本人は一時的に反省するけど、また繰り返す。監督はやさしいから執行猶予じゃないけど、許してくれるんです。何回も促していい方向に持っていこうとするけど、更正できずに辞めてしまう奴もいる。3年、4年になると先が見えてパチンコに走ってお金に関するトラブルもありました。そういう奴を集団生活に収まる範囲まで持っていこうとするわけだから、本当、尊敬します。だけどあの寮生活はチームプレーをするうえで勉強になりました。周りに迷惑をかけたりかけられたりして集団生活の意味を理解する。そうやって一歩先を考えるようになる。個を育てるためにも寮生活は良かったと思います」

そしてこう続けた。

「プロで成功するには自分で考えて行動しなくてはいけない。単純なことだけど、その繰り返しができるか。たとえば、試合に勝っている状況でどういうプレーを選択するか。逆に負けていて流れをつかみたい時にどうするか。そういった技術もそうだし、食事とかトレーニングもそうですよね。そういう型が自分のなかにあって、軸がぶれない人がプロで長くやっている。結局、大学での集団生活が軸になっているんです」

キャプテンを務めた2016年度卒の塚川孝輝はつらい思い出を語る。

「大学4年間を振り返って、一番つらかったのはキャプテンをやらせてもらったことです。200人以上の部員がいるチームの一番上に立つ責任と流経というブランドを絶対に汚してはいけないプレッシャーがありました。けど結果はダメでしたね」と視線を落とした。

「総理大臣杯もインカレも出られず、2部降格争いまでしてしまいましたからね。最後は4年がまとまって、それに助けてもらいました。自分らの代は、ほとんどが試合に出られなかった。頑張っているけど、下級生が試合に出て。実力社会だから仕方ないけど、そういうのもあってトップチームを応援する姿勢が弱くなっていたんです。でも、4年がちゃらんぽらんだと組織は崩れちゃうじゃないですか。だから4年みんなでもう一回まとまろうと話したんです。トップチームに対する思いとかいろいろ話し合いました。降格争いをしていたシーズンの終盤ですよ。それなのに…その直後、後輩が寮で飲酒する事件を起こしたんです。チームを私生活から変えようという話をした後だけにショックでした。罰則は自分たちで話し合って決めました。監督からも『お前たちに任せるよ』と仰っていただいたので、その選手たちに反省の色が見えるまでメンバーから外しました。戦力的には厳しくなったけど、仕方ありません。それでも歴史あるチームを2部に落とすことだけは死んでもしたくなかった。

なんとか1部残留を決めた時はうれしかったです。あの1年間は大きな経験になったと思います」

あの年の夏、塚川は故障して試合に出られない日々が続いた。チームが勝てないなか、自分は何もできない苦しい日々。それでも試合に出れば痛みをこらえて走った。出られなければベンチから檄を飛ばした。キャプテンとしての責任感を全身からみなぎらせていた。それまでどちらかといえばひ弱そうなイメージだったが、たくましさを感じた。あの強い思いが今もJ1でプレーできる理由なのだろう。

ちなみに2部降格争いをしていたこの時期、中野はこう言っていた。

「教育のためなら2部降格も仕方ないですよ」

2016年度の関東大学サッカーリーグ戦の最終盤、残り2、3試合の時のことである。

「選手同士が決めたことなら最後まで選手に任せます」と。

力のない笑顔だったが、彼の教育者としての信念を感じた。

寮長を務めた2017年度卒の新井栄聡はこう言う。

「僕も寮長をやって初めて監督やスタッフの大変さがわかりました。自分らゆとり世代と言われるけど、その通りだなって。ダメな奴はダメ。本当にそう思います。何回注意しても聞かないんですよ。チームに影響したら困るから、とにかく注意して一個一個、問題を潰していくしかない。いちばん難しいのはサッカーの実力があってだらしない人。そいつのマネをする奴が必ず出てくる。だから自分は嫌われ役になってとにかく注意するしかない。そのぶん、自分はしっかりやらないといけないと思いました」

新井と同期で２０１７年度卒の渡邉新太は寮の長所を述べた。

「寮に関しては（アルビレックス新潟）ユースの時もそうだったので、あまり抵抗はなかった。試合の後、仲間と良かった点、修正すべき点とか話し合えるのはいいですよね。実際、４年の時は選手だけでミーティングを繰り返して結果が出ましたから。ただ悪い面もあって、ずっと一緒にいると強く言えなくなることがある。本当は注意しなきゃいけないけど、変に気を遣って。僕は言える方だけど、人によっては言えなくなるタイプもいるんです。でも、それを差し引いてもメリットはあると思います」

実際、この２０１７年度卒のメンバーは前出の石田和希を中心にミーティングを繰り返してインカレを制覇したのは前述した。それを同期のジャーメイン良が解説してくれた。

「試合が終わると、その夜、石田とかヒデ（守田英正）、新太とか５～６人が食堂にあるテレビの前に集まるんです。ビデオで試合を振り返って、このプレーはこうした方が良かったと意見を言うんです。自分のプレーは外から見ないとわからないことがあるじゃないですか。自分の考えもあるけど他の人はどう思っていたのか。その場で話せるんで、そこはこうした方が良かったと他の人が言ってくれる。石田とかヒデとか自分のサッカーとか哲学とか持っているんで参考になることが結構ありました」

そして彼は続ける。

「遊びたい時期もあって、一人暮らしだったら普通に遊びに行ってたと思う。でも、それをやってたらプロにはなれなかったと思いますね」

寮生活に不満が多いことは事実だが、チームとしても個人としてもメリットが多いことは間違いない。確かにこの寮生活が流通経済大学の強さの最大の要因といえるだろう。

余談になるが、中野夫妻とは居酒屋で話を聞いた。普段、酒を飲まない中野がほろ酔いで機嫌よく二人のなれそめを話し始めた。

「僕の一目惚れなんですよ」

隣に座る博子夫人は照れ笑いを浮かべながら言った。

「直感です。とりあえず、婿さんがほしかったから」

実をいうと、中野は再婚である。元は小宮姓だったが、博子夫人との結婚を機に中野姓に変わったのだ。

出会いは中野がスタッフとよく通った居酒屋だった。そこで会計をしていた真面目で一生懸命働く少し年上の女性に惹かれたのだ。

「最初は社長の奥さんかと思ったけど、思い切って声かけたんです。俺、バツイチでトレンディなんだよって」

それに対し、博子夫人はこう言った。

「何言ってるんだ、バツイチのどこがトレンディなんだって思った（笑）」

すると中野はムッとした顔になった。

「おまえ、俺に惚れたところないのかよ」

「付き合っていくうえで人間性に惚れたっていうのはあるけど、あんまり付き合ってないんだから。最初はなんかふざけたデブだなって（笑）」

「おまえなあ（笑）」

実に楽しく魅力的な夫婦である。

二人には子供がいないこともあって学生た

© スタジオ・アウパ　今井恭司
今でこそ毎日は作らないとはいえ、夫婦そろって200人を超える大所帯の朝食と夕食を作り続けていることに感銘を受ける。

ちが子供のように思えたのだろう。そうやって本気で接してきたから年末に流経大でサッカーを楽しむ『蹴り納め』には多くの卒業生が、まるで帰省するかのように中野夫婦の下に戻ってくる。テレビで見るJリーガーが数多く集まる一方、一般社会人として働く教え子も多く、世代や立場に関係なく一緒に楽しそうにサッカーをするのだ。

さて、二人の会話は漫才のようなノリから最近の学生の幼さ、その原因へと話が進んでいく。もちろん、それは親にあると中野は言う。

「10年以上前になるけど、こんな親がいましたよ。父親が元プロスポーツ選手で、息子は煙草で3回見つかったんです。未成年だから、法律も犯しているわけですよ。2回目までは注意で終わったけど、3回目はさすがに許せないから、殴ったんです。ルールも守れないならサッカー部を辞めろといって」

すると夜中の3時に父親が現れた。

「申し訳ありません。よく言い聞かせますから」

「もう3回目だし、無理じゃないですか」

中野がそう言うと、父親は逆切れした。

「なにか、監督は辞めさせるのにぶん殴ったのか」

「同じことが2回あって、また寮の屋上で吸ってたんですよ。まったく反省していないじゃないですか」

「うちの子は高校生の時から親の前で吸っていたんだ。隠れて吸うより正直だし、それのどこがいけないんだ」

「お父さんがいいといっても法律がダメなんだから解釈がおかしいでしょう」

すぐにでも取っ組み合いのけんかになりそうだったが、待機していたコーチたちに羽交い絞めにされ、けんかにならずに済んだというのだ。

やはりルールは守らなければならない。それが人間教育の第一歩だと中野は信じている。

「最近は親が幼稚なんですよ。だから子供がダメなんです」

その言葉に隣の博子夫人が大きく頷いた。

厳しい親代わりの中野夫婦は部員たちにとってありがたい存在と言えるだろう。自分たちが親になった時、中野夫婦の愛情が身にしみてわかるはずだ。

最後に、どうして晩ご飯作りを手伝うのか中野に聞いてみた。サッカーの指導や大学の授業に加え連盟の仕事に、今や流通経済大学の部活動全体を束ねる役割もこなしている。毎日、目がまわるぐらい忙しいはずなのに、それでも夜遅くまで厨房に入るのはなぜなのか。

「女房が両手腱鞘炎で鍋とか持てないんですよ。だからちょっとでも負担を減らしたくて。もともと僕の仕事を手伝ってくれてるわけじゃないですか。それで指を手術したり頸椎を開

© スタジオ・アウパ　今井恭司

© スタジオ・アウパ　今井恭司

毎食毎食、バランスの取れている食事を食べられる選手達（写真上）。牛乳パックのリサイクルも選手達の大事な仕事だ（写真左）。選手達も当番制で食事の手伝いをしている（写真下）。

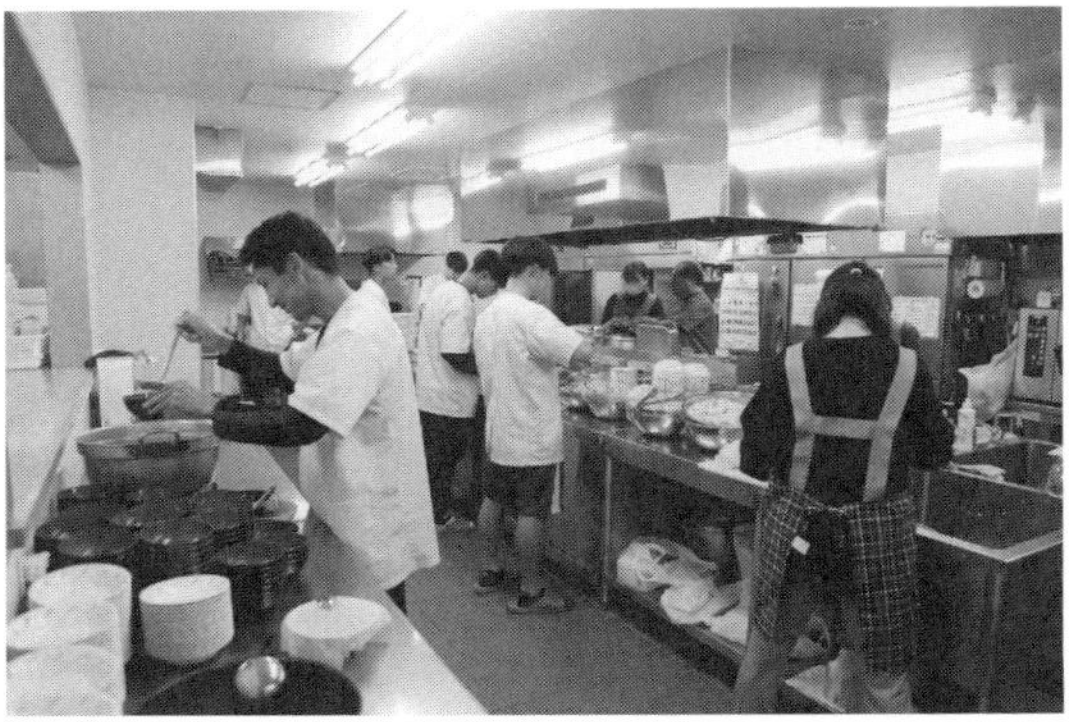

© スタジオ・アウパ　今井恭司

いたり、今度は腱鞘炎ですから。見ていてかわいそうだし、それだったら手伝えることは手伝った方がいいかなと思ったんです」

そういうと彼は続けた。

「僕にはそれしかないですから」

２００人を超える部員を束ねる監督は、そう言って照れくさそうに微笑んだ。

第4章

平等と不平等

選手にはチャンスを与え、やる気を促す

写真提供／市田実

レギュラー、サブとは分け隔てることはせず誰にでも話しかける。その上で、チーム内の競争の活性化に努める。

「監督は好きな選手しか使わないって言うけど、それなら監督に好きだって言われる選手になれよってことですよ。良い選手の定義は、そのチームや監督に認められるプレー、自分が持っているものがチームに貢献できていると評価を受ける選手です。いくら自分のこだわりとか言ったところで監督や組織が求めていることでなければレギュラーにはなれないんです。だから選手に言うのは凡人だって相手よりも走れるとか、相手よりも粘り強くやれるとか、相手よりも切り替えが早いとか、これらは意識すれば今からでも身につけられるし、相手にすれば一番嫌なことなんです。それを身につければ評価されるんだぞ。それで金稼げるんだぞという話はよくします」（中野）

流通経済大学はJリーグアカデミー出身より高体連出身の選手の方が多いことで知られる。守田英正、ジャーメイン良、渡邉新太、新井栄聡、今津佑太、小池裕太ら今やプロで活躍する選手を擁し優勝した2017年の第66回全日本大学サッカー選手権大会（インカレ）ではこんなことがあった。決勝戦ベンチ入りメンバー20人のうち、Jリーグアカデミー出身の選手はわずか3人。なんと17人が高体連出身の選手だったのである。

エリートともいえるJリーグアカデミー出身選手を抑えて、いわば雑草ともいえる高体連出身選手が多く活躍する理由はどこにあるのか。

その大きな要因として考えられるのが関東サッカーリーグの存在である。
話を進める前に、まず関東サッカーリーグについて説明しよう。大学生の関東大学サッカーリーグと名称は似ているが、社会人のサッカーリーグのこと。日本のサッカー界はJリーグを頂点にアマチュアリーグが続く。アマチュアのトップリーグが日本フットボールリーグ（JFL）であり、関東サッカーリーグとは、その下部組織の地域リーグ（北海道、東北、北信越、東海、関東、関西、中国、四国、九州）のひとつである。さらに都道府県リーグと続いていく。

流経大は2024年現在267人の部員を抱える大所帯であり均等にチャンスを与えるのは不可能だ。そこでチームをレベル別に7つのカテゴリーに分けて切磋琢磨させている。前述したように上からトップチーム（関東大学サッカーリーグ1部）、流経大ドラゴンズ龍ケ崎（関東サッカーリーグ）、流通経済大学FC（茨城県リーグ）、千葉県リーグに参加する企業チーム、そして流経大U－22A（インデペンデンスリーグ）流経大U－22B（同）流経大U－22C（同）と続く。なんといってもトップチームの下に社会人相手に戦う3チームを持つのが特徴だ。

選手の昇格・降格は各チームを指導するコーチの判断で行われる。毎週、監督を中心に全コーチが集まり、各チームの現状と展望、選手の状態が報告される。そこで昇格が決まった選手は翌週の公式戦で即起用される。能力が認められれば飛び級でトップチームに昇格することもある。

中野は、この強化システムに自信を持つ。

「うちが他の大学と明らかに違うのは、まず関東サッカーリーグをやっていることです。リーグ戦に出られない選手も練習試合ではない、レベルの高い公式戦に出られる。これは違いますよ。練習試合は何も失うものがないから気軽にやれるんです。たとえ3点取っても、しょせん練習試合ですから。でも、公式戦というのは相手も本気で戦い勝ち負けがあって、優勝や昇降格がある。つまりプレッシャーのなかでやるわけですよ。そういう意味できちんと公式戦に出て勝敗を争いながらの育成システムは、正直、どこの大学も真似できないですよ。自分で言うのもなんだけど、取り組みとしては見本になる。だからこれだけの選手が育つんです」

中野はこの『プレッシャー』を大切に指導している。

「今は何かとプレッシャーを取り除こうとするじゃないですか。失敗してもいいんだよと。この指導者やさしいなって選手から思われるかもしれないけど、失敗していいって…そんな気楽にできるものじゃないですよ。背負っているものを感じながら、その重みのなかでやることが本物の力になり、それが人間の成長につながるんです。トランプだって賭けなきゃ気軽にできるじゃないですか。でも100万円賭けたら切るに切れない。真剣に今までの経験を踏まえてデータを重視して、またデータがあってもあえてセオリーを無視したり、どうやれば自分が勝てるのか真剣に考えるから成長する。その勝負を繰り返すから自信もつくわけです。気軽にやればいいなんて、それじゃいくら勝っても自信にならない。指導者が選手のプレッシャーを取り除くのが主流になっているけど、僕は人間の成長を止めていると思うんですよね」

大舞台で活躍するにはプレッシャーに強くなければいけない。しかし、プレッシャーで育つ人がいる一方、潰れていく人もいる。仮に潰れたとしても、その経験は次の世界、卒業して社会人として働き始めた時に必ず生きてくる。中野はそう信じて指導しているのだ。

ちなみに関東サッカーリーグに参加する流経大ドラゴンズ龍ケ崎は2019年までJFLに在籍し2016年には数多の社会人チームを相手に準優勝するほどの強豪だった。

また、近年は流経大に見習うように社会人のリーグに参加する大学も増えている。東京国際大学や桐蔭横浜大学、日本大学など関東大学サッカーリーグの強豪チームも関東サッカーリーグに名を連ねている。

ただ、疑問がある。トップが大学リーグで、なぜ、その下に社会人である関東サッカーリーグがあるのか。かつてJFLに在籍した当時もその序列に変わりはなかった。JFLといえば、Ｊ１、Ｊ２、Ｊ３につぐカテゴリーでアマチュアとはいえ、サッカーを仕事の中心とするセミプロ集団ともいえる。

なぜ、それよりも関東大学サッカーリーグが上なのか。

それは流通経済大学が大学のチームであり大学日本一、プロを目指す集団だからだ。言葉は悪いが、ＪＦＬはプロの下の組織。そう考えれば大学リーグが流経大の組織のなかでトップに位置するのがわかるだろう。

実際、３年までＪＦＬでプレーした新井栄聡はこう証言する。

「プロ落ちの選手も多いし経験もあるからうまいですよ。フォワードとか要所要所ですごいシュートが来る。でも守備になるとアグレッシブに来ないから、味方のボールを持つ時間が長くなる。よくいえばメリハリが効いているというか。その間、こっちもいろいろ考えられるんですけど、大学リーグは全く違う。守備もアグレッシブにバンバン来るから簡単にボールをまわせない。一歩のポジショニングの違いで相手が寄せてくるタイミングも変わってくるからミスはできないし、その速さも全然違うんです。個々の力ならＪＦＬの方があると思うけど、大学は組織になってしっかり守備してくる。そういう意味では大学の方が厳しかった」

大学によってはトップから降格するとレベル差のあるインデペンデンスリーグでプレーし

なくてはならない。そのため技術レベルの向上が思うように進まない場合がある。またやる気が失せてしまう可能性も否定できない。その点、関東サッカーリーグなら技術的な差は最小限で済む。しかも結果を出せば対戦相手から卒業後に誘ってもらえる可能性もある。選手の技術とモチベーションが下がらないようにとの工夫である。こういった環境を中野は自分で整えてきたのだ。

またドラゴンズの練習はトップチームと同じ時間帯に同じグラウンドで行われることがある。それぞれ半面ずつに分かれ、向こうには真新しいトレーニングウエアを身にまとった同級生がいる。詳しくは後述するが、トップチームは扱いが違う。ユニフォーム、遠征バス、前泊など他のカテゴリーと差別化することで競争心を育んでいるのだ。

日本代表の守田英正と同期で当時のキャプテンだった前出の石田和希はドラゴンズ時代をこう言って振り返る。

「チラチラ見ましたよ。なんで自分は落とされたんだろうと思いながら練習してました。トップチームとの練習試合では、絶対に負けないと思っていた。そういう競争心が生まれたのは良かったと思います」

石田は流通経済大学付属柏高校の主将で、青木亮太（現北海道コンサドーレ札幌）、小泉慶（現FC東京）、ジャーメイン良、今津佑太、といったメンバーを率い、「高円宮杯JFA

U－18サッカープレミアリーグ」というJリーグのユースチームも参加する全国大会で優勝するなど輝かしい実績を持つ。大学入学後も1年生からトップチームで活躍したが、怪我もあって2年生から降格していた。しかし、田中龍志郎（元ソニー仙台、いわきFC）や新井栄聡らが在籍したドラゴンズで石田はボランチとして中盤からゲームを支配。結果、3年生の時には調子の出ないトップチームと毎週のように行う練習試合で意地を見せ、ほとんど負けなかったというのだ。

「下に落ちて自分に目を向けると見えるものが全然違いました。これじゃ成長しないなと気づかせてくれたのは、やっぱり監督が言い続けてくれたおかげです。それとJFLで怪我なくやれたのが大きくて、試合勘も戻った。そういう意味では試合に出られる機会を作ってもらえたのがよかったと思います」

4年になると石田はトップチームに戻ってきた。キャプテンとしてチームを束ね、優勝争いを演じるチームに導いたのだ。

石田のドラゴンズに降格した際の悔しさを話すと、中野には珍しく間を置いてから語りだした。

「悔しさを味わいたくないから頑張るというのは普通のあり方ですよね。でも、最近は悔しいと言いながら言い訳する奴が多いんです。監督は好きな選手しか使わないから悔しいとか。

自分に何が足りないのか考えるわけではなくて、自分はやれるのに選ばれないと、被害者意識を持ち出すのが今の世代なんです。僕に言わせれば、監督に好きだって思われる選手になれってことですよ。仮にJリーガーになったとして、Jの監督は平均2年で変わるから、10年プロでやるなら、5人の監督の下でプレーするわけです。いろんなタイプの監督がいるけれど、いい選手の定義は、そのチームや監督に認められるプレーができる。自分が持っているものがチームに貢献できていると評価されることです。自分のこだわりと言ったところで、組織や監督が求めているものでなければレギュラーにはなれないんです。サイドなら足が速い選手、フォワードなら多少へたでも大きい選手を使いますよね。だけど選手はボールを扱う技術だけで言うんですよ。なんであいつへたなのに出てんのと。だから選手に言うんです。ボールを扱う技術は大学で練習しても急にうまくなるものじゃない。子供の頃からの積み重ねだからすぐにメッシみたいなプレーができるわけじゃない。それより岡崎（慎司　元日本代表　元清水エスパルス、レスター・シティFCなど）のように泥臭く動きまわるとか、そういうのを目指すべき。凡人でも一番変えられるのは相手より走れる、相手よりも粘り強くやれる、相手よりも切り替えが早いとか。こういったものは今からでも意識すれば身につけられるし、相手にとって一番嫌なことなんだ、それを身につければ評価されて金も稼げるんだぞという話はするんです。だけど、今の学生は、いや、自分はタイプが違うからできませんと。やりたいことしかやらない。やらなければいけないことをやろうとしない。それじゃ使おうとは思いませんよね」

監督が求めるものと選手が目指すものは必ずしも一致しない。試合に出たいなら俯瞰の目を持ち、勇気を持って自分を変えること。何かを捨てなければ、何も得られないというわけだ。

また、石田はドラゴンズに落とされて初めて気づいたことがあるという。

「トップチームがどれだけ良い待遇で、良い環境でサッカーができているか。落ちてみないとわからない。下から上がった選手もそれは感じるでしょうね」

今や流経大が試合会場に現れると他の大学部員は圧倒される。遠征バスはサイドに『ＲＫＵ』と書かれた真っ赤な高級リムジンバス。サッカー部の、それもトップチーム専用のバスはピカピカに磨きあげられ、どの会場でも圧倒的な存在感を示し、羨望の眼差しを向けられる。

© スタジオ・アウパ　今井恭司

今や、大学サッカー選手の憧れともいえる「流経大のリムジンバス」。

「流経はすごい！」

他の大学関係者にそう言わしめる。

そして全身をａｄｉｄａｓの最新かつ高機能のトレーニングウエアで揃えた選手たちが颯爽と降りてくる。なかなか壮観な光景である。さらに他の大学は現地集合が多いが流経大は前泊し体調を整えて現れるのだ。

これは関東大学サッカーリーグ1部に昇格した頃、他の強豪大学のプレッシャーを感じず堂々といられるように、せめて恰好から入ろうとした中野の配慮である。それが今や他大学に対するプレッシャーへと進化した。

かつて中野は悔しそうに言っていた。

「一番優秀な選手は高校を卒業してプロに行く。行けなかった選手が大学に来るわけだけど、みんな早稲田とか明治とか名門大学を希望して残った者がうちに来るんです。選手をスカウトしても、そういう大学と争って勝ったことは一度もない。それが現実です」

サッカーではなく学業の偏差値、あるいはブランドで大学を選んでいる。実際、付属の流大柏でさえ毎年、何人かは他の大学へと流れているのが現状だ。

とはいえ今や流経大は大学サッカー界の一大ブランドとして認識されている。それはまた、流経大のトップチーム以外の選手にとっての憧れにもなっている。

前出の新井栄聡もドラゴンズ時代は羨ましいと思って見ていたという。

「トップに行くとああなるんだと。よく平等というけど、僕は勝負の世界に平等はないと思っているんです。下のチームがあれを使えないのは当たり前だし、雑用するのも当たり前。上のチームがいい環境でサッカー出来るのは当たり前だと思ってきた。大げさな話、あのバスに乗るために頑張る選手もいると思いますよ」

中野が思い描いたように、差別化することで選手は奮起しているようだ。

また、流経大はトレーニング施設も充実し、ナイター設備を持つ全天候型人工芝グラウンドが3面ある。大学敷地内の1面と、4~5キロ先にあるサッカー専用施設『RKUフットボールフィールド』に2面を持つ。この3面を使い、流経大にある7チームは時間をずらしながら練習を積んでいく。環境面は大学とは思えない。ヘタなプロチームよりも充実した設備が整えられているのだ。

こういった環境は中野の信念によるもの。強いチームを作るためのビジョンを描き、そのための資金を自分で集めてきた。

流経大サッカー部の年間収入は7000万円前後。部費と連盟の補助にスポンサー料などが加わる。2024年現在のスポンサーはアディダスジャパン株式会社、花王株式会社、味の素株式会社、加茂商事株式会社、太陽ハウス株式会社、株式会社ＯＣＨＩＡＩ、西川株式会社、清水建設株式会社、株式会社諸岡、カガミクリスタル株式会社、株式会社アドバンス、株式会社Ｍａｅｎｏｍｅｒｙ、株式会社毎日コムネットなどで、そういった企業に中野は足を運び、頭を下げてくる。大学サッカーの監督とは試合で采配を振るうだけでなく、あらゆる場面に登場しなければいけない。そういう意味では教育者であると同時にビジネスマンとしての一面も持ち合わせているのだ。

突然だが、ここで『いちばん流通経済大学出身らしい選手』と言われる元日本代表の宇賀神友弥に登場を願った。長年、浦和レッズの中心選手として活躍してきた彼は大学時代に目を見張る成長を見せた。その過程に中野メソッドが感じられるのだ。なお、この取材は彼が現役時代に行われたため内容も現役選手のままであることを断っておく。

さて、宇賀神は浦和レッズユースからトップチ

写真提供／流通経済大学サッカー部

レッズユースからトップに上がれず、流経大で厳しい練習に耐え、レッズに返り咲くどころか代表にも選ばれるまでになった宇賀神友弥。

ームに昇格できず大学進学を選んだ。

「ぶっちゃけ行く大学がなくて（笑）。スポーツ学部がある大学に行きたかったけど受からなくて。で浦和レッズユースの監督に相談して紹介しもらったんです。流経にいた二個上の先輩に聞いたら『もう一度、プロを目指したいならいいんじゃないか』と言ってくれたから決めたんですけど、正直に言うと、あんなに厳しいとは思わなかった（笑）」

宇賀神が入学した2006年当時は、現在の千葉県社会人チームではなくトップチームの下に大会に参加しないサブチームが存在する全7チームに分かれていた。宇賀神は1年生だけのチームで1年間を過ごし、2年生になると当時社会人の関東サッカーリーグ2部だったクラブ・ドラゴンズ（現流通経済大学ドラゴンズ龍ケ崎）、3年生はJFLの流通経済大学サッカー部（現流通経済大学FC）と一歩ずつ階段を昇って行った。

2007年11月に流通経済大学フットボールフィールドができるまでグラウンドは大学内のひとつしかなく、それを7チームが時間別に使用した。トップチームは夕方に始まるが、それ以外は早朝か夜。グラウンドを二つに割って行った。1年生チームの場合は朝の練習が多く、その場合は朝7時から始まり9時10分前に終わる。と同時に選手はシャワーも浴びず着替えを済ませると9時からの授業に間に合わせるためダッシュで教室に向かった。

宇賀神にすれば、厳しい練習に加え、寮生活もストレスになった。それまで集団生活をしたことがないだけに同じ部屋で先輩ら4～5人との共同生活は気が休まることがない。また門限があり、飲酒と煙草は禁止である。それを破ると『連帯責任』が待っている。

「寮から学校まで3キロぐらいあって、みんな自転車や原付、なかには車で通う人もいるけど、それが禁止となると30分ぐらいかけて歩いていかなければならなくなる。なんで俺まで、とか思いましたよ。あと『寮前』という罰走があって、毎朝、寮から学校の往復を走らされた。朝飯前の朝6時前に集合して走るんだけど、それを2か月ぐらい。理由は多分、煙草だったんじゃないかな。ただね、これは僕のこだわりなんだけど、コースから外れてショートカットしようとすればいくらでもできる。だけど僕はバレなきゃOKということはしないと決めていた。もともとそれをやるとバレるタイプというのもあるんだけど、それでも絶対にズルはしないと決めてたんです」

『寮前』が終わったら即行で朝食を食べ、再び大学のグラウンドに戻って練習するのだ。早朝から激しいトレーニングが続くが、それでも宇賀神は手を抜こうとは思わなかった。

「僕は流経に入った時、心に決めていたことがあるんです。『絶対、浦和レッズを見返してやる!』と。それがあったから、どんな辛いことがあっても心は折れなかった。これも練習の一環だと思えばなんとも思わなかった。それと大平（正軌）コーチがよく言っていた『ピラミッドの頂点』のチームに入りたいと思っていたんです。流経にある7つのチームでピラミッドを作って、頂点のトップチームは他の選手が入りたいと思えるような環境を用意すると。実際、移動バスは豪華だし支給されるウエアが違うこともある。トップチームだけは試合の前泊も許された。そのトップチームに入らなければレッズを見返すも何も始まらないわけですよ。そこに入ることを考えていつも行動していました。雑用とかトップチームの応援も全力でやりました。自分がピラミッドの頂点に立った時に、当時の仲間が『あいつはちゃんとやっていたから応援してやろうぜ』と心から思えるような人間になると決めたんです」

せめてもの楽しみが寮での食事だった。

「朝食は毎朝、中野さんの奥さんが作ってくれました。たまに中野さんが厨房にいて、それを見た時は寝ぼけながら食堂に行っても背中がビシッとなりますよね。僕は誇れることがあって、一回も残したことがない。4年間、朝晩のご飯を残したことがないんです。毎日、出来立てのご飯を作ってくれて、こんな幸せなことはないと思ってました。でも、中野さんと博子さんの二人の目が届かないところで、せっかく作ってくれた朝食を捨てる人が結構いる。飽きたとか朝は食べられないとか言って。選手の健康を考えて食べろと言っているわけで、食べないというのは意識が欠けている証拠ですよね。奥さんの博子さんは見ていないようで見ている人ですから、そういうところも選手としての評価につながっているんじゃないですか」

目標に向かって練習も寮生活も姿勢を正してきたのだ。

しかし、それでもなかなかトップチームには上がれなかった。それが前出した一学年上の宮崎智彦の存在である。

中野が説明する。

「大学って年間リーグ戦22試合だから4年間で88試合あるわけですよ。宮崎は1年の最初の二節、入学式とオリエンテーションかなんかで出られなかっただけで、あとの86試合でフル出場。怪我もなく出場停止もなくポジションを守り続けた選手が一個上にいて、それと同じポジションですから。それにあの学年は1学年で13～14人がプロに進んだ連中だから、それはなかなか出られないですよね。それならJFLとかで試合に出た方がいいじゃないですか」

宮崎は流経大を卒業すると鹿島アントラーズに入団。その後、横浜FC、ジュビロ磐田、ファジアーノ岡山、そして福島ユナイテッドFCで今なお活躍している先輩だが、宇賀神もその実力を認める。

「すごい選手はたくさんいたけど、いちばんすごいと思ったのは一個上の宮崎さん。宮さんは大学サッカー界の中でも群を抜いていた。技術が高くて波のない本当にすごい選手だなって思ってました」

宇賀神が下のカテゴリーで頑張っていた頃、同級生や後輩は目覚ましい活躍を見せていた。

2007年2月には同級生の林彰洋がオシムジャパンの代表候補に選出される。

「彰洋は同部屋でした。基本、変わり者ですね。わかるでしょう（笑）。正直、あの頃はそんなにすごい選手とは思わなかった。増田（卓也　元サンフレッチェ広島、V・ファーレン長崎など）とか何人もすごいキーパーがいましたから。ただ刺激にはなりましたね。大学生でオシムジャパンのA代表候補に選ばれて、それでも意識高く練習に取り組んでいる姿を見て、自分はどうなの？　って考えさせられた選手です」

翌2008年3月には1学年下の武藤雄樹が関東選抜に選ばれた。同年8月には同級生の石川大徳（元サンフレッチェ広島、ベガルタ仙台など）や千明聖典（元ファジアーノ岡山、大分トリニータなど）や2学年下の山村和也、増田卓也が全日本大学選抜のイタリアキャンプメンバーに選ばれている。

「プロに行く人はずっとはいなくても1、2年生でトップチームに絡む選手が多いんです。僕は1、2年生の時にトップチームにいなかったから、もうプロは無理だと思っていました」

現実の厳しさがちらついていた。

そんな時に支えとなったのが中野の言葉だった。

「おまえら、なんで大学に来てまでサッカーやってんだ？　プロになるため？　サッカー選手になれなかった時にどうすんだ。サッカーで一人前になる前にまず人間として一人前になれ」

入学して間もない時期、新しい生活に馴染めず不安を抱いていた18歳の心に、その言葉が響いた。

「確かにそうだと。そこはすごく大事だなって思った。サッカーがなくなったら、ただの人になるわけで、そうなった時に人間としてダメだったら生きていけないなと思ったんです。だからこそ雑用だってめんどくせーなと思いながらもちゃんとやろうと思ったし、そこがなかったらサッカー選手としても成長はなかったと、今は心から言える。人間的な部分がしっかり出来てきたからサッカーの面でも成長できたんだと思います」

トップチームでサッカーをやるという目標は変わらなかった。昇格さえすればプロになれる可能性はあると信じた。２学年上に武井択也という先輩がいる。ガンバ大阪、ベガルタ仙台、松本山雅ＦＣで活躍したボランチは、大学２年までインデペンデンスリーグ所属だったが３年になってようやくトップチームに昇格すると一躍注目を浴びるようになった。宇賀神は、その存在を励みに努力を重ねるのだ。

そして気づいた。

「あの頃は浦和レッズユースの仲間でトップに上がった人と僕みたいに上がれなかった人を客観的に見て、トップの選手には何があって自分には何が足りないんだろうと考えました。

結論はトップチームに上がった人には何かひとつ武器があった。自分には何があるかと考えた時に何もない。昇格できなかったことに納得だなと思った。じゃあ何か武器を作ろうと、それからは考えながらサッカーをしていました」

武器があれば指導者とすれば使いやすい。宇賀神は必死に武器を探し求めた。そうやって懸命にプレーしていると、トップチームから声がかかった。ＪＦＬでプレーしていた3年生の夏過ぎのことだった。

中野が振り返る。

「最初は左サイドだったけど、宮崎がいたので苦肉の策から右サイドで使うようになったんです」

だが、不満だった。技術、守備的センスは申し分ないが、なぜか攻撃しない。監督は宇賀神をつかまえると、こう言った。

「ボールを持ったら仕掛けろ」

宇賀神が解説する。

「サイドハーフをやっていたので、『仕掛けないと何も始まらないよ』と言われました。決してドリブルが得意というわけではなかったけど、そこから仕掛けるという意識を持つようになった。仕掛けるというプレーは大学から磨いてきたものなんです」

2010年代の浦和レッズではDF槙野智章が上がれば、宇賀神がそのスペースを埋め、チャンスと思えば積極的に攻撃参加した。そのスタイルが評価されて日本代表に選出されたわけだが、その技術は大学時代に築かれたものなのだ。

その根拠を中野はサイドから崩したいからだと言った。

「よく外から攻めろというけど、イコール仕掛けろということですよね。仕掛けてセンタリングするとかクロスを上げるとか。あるいは切り込んで自分でシュート打つとか。ようするに無難に横パスをしているようではダメなんです。ケースバイケースだけど、ボールを持ったら、とにかく仕掛ける。取られたら取り返せばいいというのが僕の考えです。一発のサイドチェンジでスピードを上げれば、相手4バックのスライドが間に合わないかもしれない。もしかしたらサイドバックとセンターバックの間が空くかもしれない。そういったミスがサイドの仕掛けから生じる可能性があるからサイドチェンジするわけです。それなのにフィフティフィフティだからバックパスしたり横パスしたり、そんなの評価されませんよ。今の選手はボールを失うことが評価を下げることだと思っているけど、逆です。仕掛けないことが評価を下げるんです。だから、そういう意味で仕掛けろというわけです」

ここから宇賀神の評価は一気に上昇、プロからも注目を集める選手になっていく。あきらめず、貪欲に挑戦し続ける——。ありきたりの言葉だが、挑戦することの難しさ、そしてやり遂げる事でしか見えてこない未来は確かにある。それは今も中野が選手に求める姿勢そのものだが、これを実践することで宇賀神は道を切り開いてきた。

浦和レッズ入団の際も面白いエピソードがある。

宇賀神には当時J2のアビスパ福岡と浦和レッズからオファーがあった。実をいうと、大学入学の際、大平正軌コーチから確認されていた。

「卒業する時、浦和からオファーが来たらどうするの？」

宇賀神は即答した。

「絶対に行きません！」

本人が振り返る。

「トップに昇格できなくて悔しさしかなかった。絶対に見返してやると思ってやってきましたからね。でも、その気持ちが強かったから、もう一回、来ないかと誘ってもらえたわけですよね。一度、おまえはもういらないと言ったチームが、もう一回、来ないかと声をかけてくれたのはすごいことだと思うし、それだけ言ってくれるなら恩返ししようと思ったんです」

ただ周囲の評価はJ1では厳しいだろうというものだった。

「大平さんにも、お前じゃJ1で通用しないからJ2の福岡のほうがいいって薦められたんです。試合に出られないJリーガーでいいならレッズに行けばと。僕、この言葉は覚えています。正直、悩みました。一番近くで見てくれた人だから、その程度なのかなって。でも、逆に奮起したというか、見とけよと思ってレッズを選んだんです。中野さん？　軽い感じで『レッズとまだつながりがないからさ、レッズへ行ってよ』と（笑）。太平さんと全然違うこと言ってるなと思いました」

ところが1年目から試合に出ると、太平からすぐにメールが来た。

「いい意味で期待を裏切ってくれたね」

宇賀神はうれしかったが、まだまだこれからだと思った。

当時の教えが今につながっていると宇賀神が喜んでいた。そう中野に伝えると満更でもなさそうな笑顔を見せた。

「宇賀神は努力しましたよ。レッズユースでも完全なレギュラーじゃなかったし、果たしてレッズに行ったところでコンスタントに試合に出られるか、考えたらなかなか難しいだろという思いがあったけど、当たり前のように試合に出るレギュラーになりましたからね。あの頃は武藤（雄樹）がいて、11あるポジションのうち二つをうちのＯＢが取っていた。外国人やいろんな選手が移籍で来たけれど、歴代の監督は二人を起用し続けた。よほどの信頼があるんだなと思いましたね」

宇賀神は『考えること』『行動すること』で、その『信頼』を手に入れた。実際、彼を取材して感じたのは、まず勉強家だということ。常にレベルアップするためのヒントを探しているのだ。彼は言う。

「大学時代から中野さんが言っていることは、なにか意味があるんだと思いながら聞いていました。それは今に生きていると思いますよ。たとえばミーティングでフォワードにこう動きなさいと指示する。絶対、自分はフォワードはやらないけど、それを理解していれば自分が何かの流れでそこに行った時に、そういう動きができるかもしれない。自分がボールを持った時にフォワードはこう動いてくれると理解していれば、絶対、自分のプレーも広がるじゃないですか。将来、自分が監督になった時に、その言葉が生きるかもしれない。だから誰かが話す時は自分にプラスになるかもしれないと思いながら、いつも聞いています」

ところが、最近の若手を見渡すと、自分に関係ないと思えば寝てしまう選手が多いと残念そうに言う。

「もったいない。でも大人にならないと気づかないんですよ。僕はそういうのを考えられる選手だったのかもしれない。能力とか技術、センスというのは僕より優れた選手はいくらでもいると思う。今の流経でも今の僕よりうまい奴は絶対にいる。だけど、そうやって何か考えて行動に移すというのは他の選手より長けていたのかもしれないですね」

それともうひとつ、宇賀神をここまでレベルアップさせたきっかけがある。それが流通経済大学独自の育成システムである。

「2年の時、川本（大輔）さんがコーチだったんです。あの時は死ぬほど走らされた。鬼としか形容のしようがないぐらい。僕、大学時代、ずっとサッカーノートを書いていたんです。見返すと川本さんの文句しか書いてない（笑）。『あいつ、絶対見返してやる』みたいな、そんなんばっかかし。練習が死ぬほど厳しいんですよ、マジで。まずオフ明けは一切ボールを使わない。2時間、とりあえず走らされて。次の日はボールポゼッションだけで2時間やったり。一応、次のメニューは用意してあるんだけど、『お前らヘタクソすぎて納得できない』みたいな。『お前らちゃんとやってねーな。納得できねえから、今日はこのメニューで終わり』みたいな。あの人も一緒に入ってくるんだけど、メチャクチャうまいんですよ。『お前ら、俺になんかやられてんじゃねえよ』みたいなこと言われてずっとやらされた。試合で負けたら帰って練習とか、休みがなくなることもしょっちゅうでした」

当時、毎週木曜日になると付属の流通経済大学柏高校と練習試合をした。宇賀神が2年の時の付属には錚々たるメンバーが並んだ。大前元紀（現南葛SC）、比嘉祐介（現SETAGAYA UNITED）、上條宏晃（元ファジアーノ岡山）などを擁し高円宮杯、全国高校選手権と2度の全国優勝を果たしたチームである。その付属との試合のたび、川本コーチから「1点の失点につき10本ダッシュ」と言われた。

「どっちかっていうと川本さんに鍛えられてトップチームに上がれたんで、中野さんに『おまえ、（言ったこと）やってねえだろ』と言われることはあまりなかった。武藤は1年からトップチームだから監督に怒られて育ったけど、僕は違うところで育てられたから、そこまで怒られることはなかったんですよね」

宇賀神は流経大の見本のような選手と言われる。下部カテゴリーで育てられ、上級生になってトップに昇格、そして気持ちの入ったプレーで活躍する選手のことだが、これが中野の理想である。トップチームは4年が主力となり、最終学年の頑張りを後輩たちに見せてほしい。それが後輩たちへのメッセージとなり、チームの伝統となると考えているのだ。

さて、その宇賀神だが、中野の指導に言いたいことがあるというのだ。

「最近は走らせることが少なくなってきたみたいですね。まあ時代だから仕方ないのかな。この間、中野さんに会ったら『もうたつのこは走らなくなった』と言うんですよ。寮から1キロぐらいのところに（龍ケ崎市陸上競技場）たつのこフィールドというサッカー場があって、その脇に小さい山がある。それがたつのこ山っていうんだけど、その頂上まで結構階段があって、そこを上り下りするんです。『連帯責任』で行くこともあったけど、試合で負けてその山を何往復もさせられたこともある。あまりに辛くて途中で吐いている奴もいたぐらい。なのに中野さん、『あのトレーニング、科学的にさ、あんまりよくないって証明されたんだよ』って（笑）。だから言ったんですよ。『俺たちの時間を返してください』って（笑）。『俺と武藤（雄樹）のケツ見てください。たつのこで作られたんですよ』と言ったんです。少なくても僕たちはあの練習が無駄だったとは思っていないんです」

まるで現代の若者に対する指導法で苦労している中野を激励しているように思えた。

宇賀神はそう言った後、更にヒートアップした。

「そうそう、これは本に書いてほしいんです。事実として。あの頃はギリギリ変なことすれば殴られたし走らされた。時代的にまだアリだった。僕が4年の時、予選で総理大臣杯に負けて、後期のリーグ戦まで時間が空いたから、ＪＦＬの試合にトップチームが出たんです。夏前、今でも忘れない、北九州のグラウンドです。前半が終わって控室に戻ろうとしたら中野さんが『おまえ、ここにいなくていいから、走ってろ』と。理由？　よくわかんないけど、プレーが良くなかったからじゃないですか。そんなプレーするならいらないと試合が終わるまで会場の外を走らされたんです。会場からの歓声を聞いて、点が入った、どっちだ、とか想像しながら走ってたけど、辛かったなあ。この時期にこんなことさせられてるようじゃ、俺はプロになれないなと悲しい気持ちになったのを覚えていますよ」

中野にすれば、どこか気が緩んだプレーに見えたのだろう。彼はそれを許さない。そこで挫けるか、奮起するか。それが成功と失敗の境目となる。宇賀神は中野の思いに応えたのだ。

「中野さんからは『おまえみたいな選手が頑張ってくれると、今トップチームにいない選手にも希望の光が見えてくる』と言われました。自分みたいな選手が活躍すれば、説得力があるから、もっともっと頑張ろうと思います」

そう言ってベテランになっても果敢にサイドから仕掛け続けた流経大の見本は、2024年シーズン限りでの引退を表明した。引退会見で将来の夢はGM（ゼネラルマネージャー）になって浦和レッズを世界に通用するクラブにすること、と熱く語った。

第5章

敗者復活

チームを強くするには、自分から動く

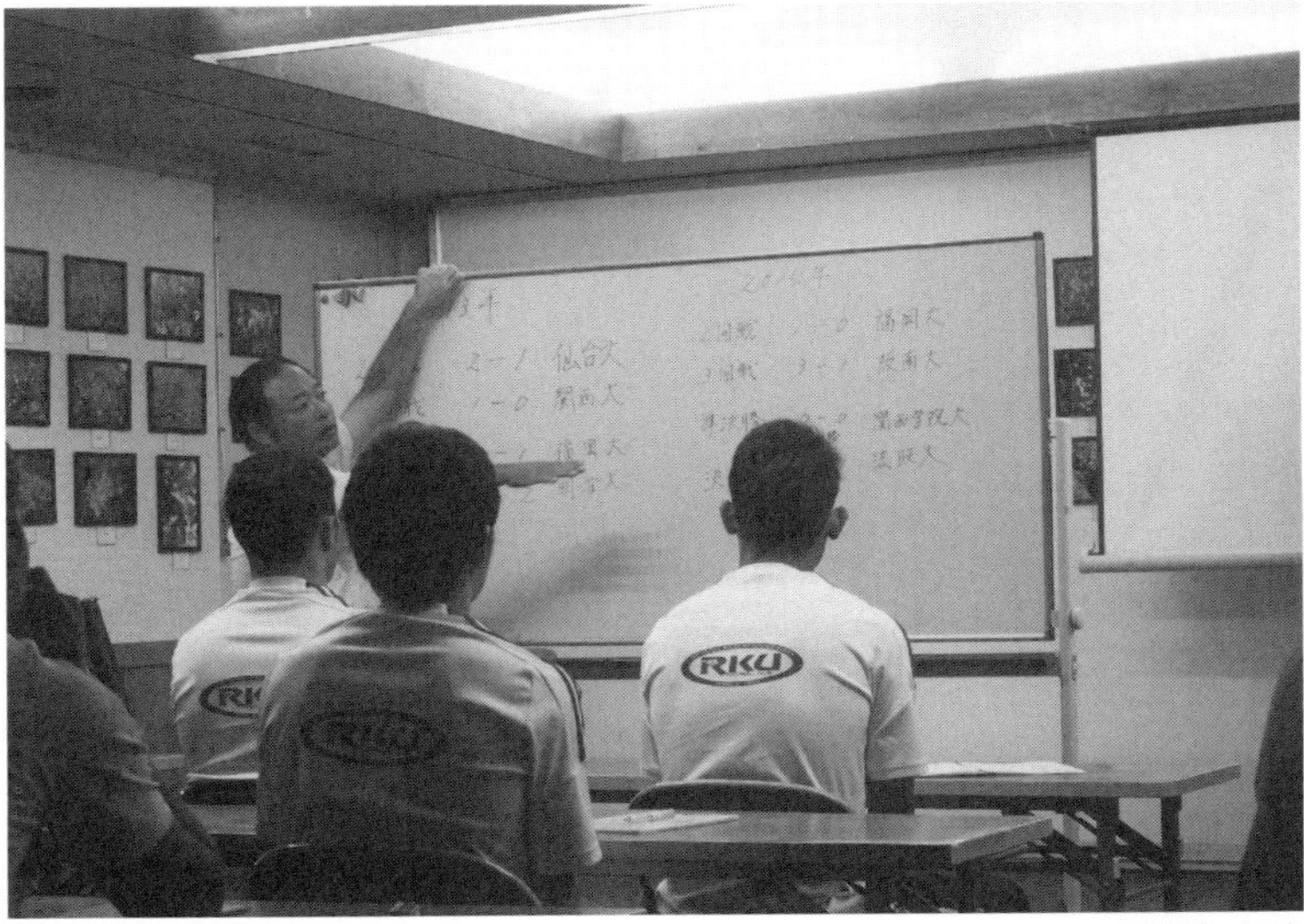

写真提供 / 市田実

「選手が生き生きとやることが、全てに勝る戦術だよね」。そのためにも、答えは出さないで選手に考えさせる。時間がかかるが、自分で掴んだ答えは忘れないからだ。

「たとえば100点満点で20点の子なら30点を目指せばいい。60点なら70点を目指せばいい。少しでも人間的に成長させて送り出すのが学生スポーツだと思うんです」（中野）

1962年10月17日、中野雄二（旧姓・小宮）は東京都世田谷区に生まれた。5歳の時、父親の仕事の都合で茨城県古河市に転居。サッカーとの出会いは小学4年生、古河市スポーツ少年団入団がきっかけだった。古河市立第二中から茨城県立古河第一高等学校へ入学すると、1年生からレギュラーとなり、攻撃的な右サイドバックとして活躍。高校1年時には全国高校選手権で優勝。2年時には茨城県決勝で敗退するが、最終学年ではキャプテンとして再び全国優勝を果たす。卒業後は法政大学に進学。ここでも1年生からレギュラーとして活躍し、2年生夏の総理大臣杯全日本大学サッカートーナメントで全国優勝を飾っている。

今なら卒業後はJリーガーとして活躍したかもしれないが、当時はプロリーグの存在自体がなかった。アマチュアの日本サッカーリーグ（JSL）が日本サッカー界の頂点で、中野は住友金属（現鹿島アントラーズ）などから誘われたが、教員の道を選んだ。そして1985年4月、水戸短大附属高等学校（現水戸啓明高校）の社会科教諭に着任。同時にサッカー指導者としてのキャリアをスタートさせた。

選手時代はエリート街道を歩んだが、指導者の道は真逆となった。

当時の『水短』は不良が多く、サッカー部も例外ではなく生徒指導に時間を割いた。万引き、窃盗、けんかなど問題が多発し練習もままならない。警察署に生徒を引き取りに行ったことも一度や二度ではなかった。このまま放って置くわけにはいかない。毎日、生徒と向き合い、必死に指導を続けた。

すべては生徒のためであり、サッカー部を強くするためだった。

当時、古河一高で活躍していた現コーチの手呂内勝政が懐かしそうに語る。

「水短が古河一に練習試合で来るんですけど、弱いんです。2軍を出しても勝っちゃうようなチームで、僕らがたくさん点数を取るじゃないですか。そうすると水短の選手は中野にぶっ飛ばされる。今の中野からは考えられないぐらい厳しくて選手が可哀想だったから、あまり点数取らない方がいいのかなと思ったぐらい。サッカーに関しては、本当に負けることが嫌いなんですよね」

補足するが、中野は点を取られたぐらいで怒ったりはしない。おそらく失点の原因が選手の手抜きか、自分勝手なプレーによるものだったからだろう。

中野と手呂内は7つ違いだが、実家が近所同士で、幼稚園から小学校、中学校、高校、大学と同じ経歴を辿り、さらに社会人時代は後述するが監督と選手として付き合ってきた間柄だ。中野が高校で全国制覇を果たして地元で優勝パレードを開催した時、小学生の手呂内は沿道で旗を振っていた。

中学生になると、その中野が臨時コーチとして学校に現れた。中学生たちは「小宮（中野の旧姓）さんだ」と憧れの視線を向けたが、喫煙問題が発覚して叱られた。2時間の正座と説教。その後は1時間ほどのダッシュを命じられた。

手呂内は後悔した表情を浮かべた。

「僕は吸った仲間に入っていなかったけど、レギュラーはやんちゃな奴らが多くて、そいつらとつるむじゃないですか。それで先輩から言われて、断り切れなくて2回ぐらいくわえたぐらいで…先生からも竹刀でぶっ飛ばされて、中野にも叱られて、しばらくは赤地に白字で『たばこ』と書かれた煙草屋の看板を見ると吐き気がするぐらいでした」

中野の勝負とルールに対する厳しさは昔から変わらないのである。

水戸短大附属高校は県大会すら出場できないチームだったが、中野が監督就任して2～3年後、ようやくサッカー部としての体制が整い始め、6年目の1990年春の全国高校総体サッカー競技（インターハイ）茨城県予選では決勝まで進出することができた。結果は残念ながら水戸商業高校相手に1－2で逆転負け。初の全国大会出場切符を直前で逃してしまったが、手応えは感じた。

中野は気持ちを切り替えて冬の全国高校選手権を目指そうと選手に告げ、自身は勉強のためにワールドカップイタリア大会の視察に向かった。

ところが、この後、思わぬ騒動が起きる。

水戸商との決勝戦に微妙な判定があり、それを不服に思った一部の保護者が、そのシーンを録画したビデオテープを当時の文部省（現文部科学省）に送ったのだ。文部省は茨城県教育委員会を問いただし、教育委員会は茨城県高校体育連盟に理由を求めた。慌てた高体連の職員がイタリア滞在中の中野に連絡をとり、帰国を待って成田空港での事情聴取となった。まるで一連の騒動の主犯を中野と決めつけるような高体連の態度に20代の若き指導者は我慢できず、退職へと至ったのだ。

余談になるが、流通経済大学付属柏高校を全国屈指の強豪高校に育てた元監督の本田裕一郎（２０１９年退任）と知り合ったのがこの頃である。中野が法政大学時代から付き合いのある法政大学第二高校の中神保彦監督から当時千葉県立市原緑高校監督だった本田を紹介され、ともに強くなろうと合同合宿をした仲間だった。その後、本田は市原緑、市立習志野高校と赴任校を次々と強豪校に育てたが、公立高校教員の定めでまたしても転勤の命が下る。赴任先でまた一からチーム作りとなると到底、当時県内最強の市立船橋高校には勝てない。そこで選手を集め時間をかけて指導できる私立高校を探し求め、すでに流経大で監督を務めていた中野に連絡を寄越してきた。そして中野が経営陣と話をつけ、２００１年、本田が流経柏の監督に就任したという経緯があるのだ。

さて、水短を辞した中野の下に社会人チームからオファーが届く。高校よりも専門的な指導ができると期待に胸を膨らませ、翌1991年春、「プリマアセノFC」というクラブチームのコーチに就任するが、現実は違った。サッカー好き人間が集まった同好会レベルで、設備も整っていない。練習場は雑草だらけの空地で広さもフルコートの半分程度。ゴールポストはプラスチック製でゴールネットも破れていた。

それでも中野はチーム改革に乗り出そうとするが、監督は首を縦に振らない。勝利よりも楽しい、エンジョイサッカーがチーム方針で、茨城県社会人サッカーリーグでさえ優勝が程遠かった。ちなみに当時はJリーグがスタート（93年開幕）する前で、アマチュアの日本サッカーリーグ（JSL）1部、2部を頂点として、下部に地域リーグ、都道府県リーグが存在していた。

プリマアセノFCはプリマハムが資金を提供し、アセノスポーツクラブが運営していたが、翌1992年、その関係を解消。プリマハムが運営する「プリマハムFC土浦」の誕生と同時に中野が監督に昇格した。

全権をゆだねられた新監督は母校の古河一高や法政大から前出の手呂内ら数人の選手を獲得。後輩ではなかったが、自ら売り込んできた現コーチの大平正軌も同時に加入した。さらに体力重視のトレーニングを積むことで強化を図る。エンジョイサッカーから抜け出せず、厳しい練習を嫌った選手が何人かチームを抜けたが、結果は伴った。この年、県リーグで優勝し関東大会に進出。関東1都7県の優勝チームが集まり、上位2チームが(地域リーグの)関東リーグに昇格する大会でプリマハムは準決勝で敗れたものの、劇的な変化で周囲を驚かせた。

翌1993年にJリーグが開幕。日本中にサッカーブームが起こるなか、プリマハムは県で連覇を達成すると関東大会で準優勝を飾り、念願の関東リーグ参戦を決めるのだ。

確実に結果を出すようになっていたが、チームを取り巻く環境にさほど変化はなかった。工場の正門わきにある練習場はフルコートに満たないため公式戦は開催できない。その上雑草が生え、ボールがまともに転がらない。監督自ら草むしりをして整備すると、土煙が舞い、食品会社に相応しくないと注意された。また前泊して体調を整えて試合に臨めるように会社と交渉したが却下された。選手ファーストに考え、チームが力を発揮できる環境を整えようとしたがうまくいかなかった。

Jリーグが誕生したことで日本サッカーの組織も大きく変わった。JSLの代わりにプロのJリーグが頂点となり、その下にアマチュアの日本フットボールリーグ(JFL)、地域リーグ、都道府県リーグという構造となる。

プリマハムはＪＦＬ昇格を目指し１９９５年、１９９６年と連続で地域決勝に進んだ。全国９つある地域リーグ上位が集まる大会で、１年目は失敗したが、２年目に2位となり昇格を果たす。

ようやく達成した喜びに浸る彼らに、今度はショッキングなニュースが届く。プリマハムが景気悪化によるサッカー事業からの撤退を表明したのだ。ＪＦＬ昇格を果たしたチームは行き場を失ってしまった。

中野が先頭に立ち、受け入れ先を探すなかで最初は故郷の古河市に求めた。だが、当時人口5万人程度の規模では難しく話は頓挫した。そんな時に声をかけてくれたのが「ＦＣ水戸」というチームだった。Ｊリーグ加盟を目指し、県リーグを戦っていた彼らを吸収する形で新チームが誕生。それが「水戸ホーリーホック」である。中野を含む11人が２８００万円を出資し運営会社を設立すると中野は常務取締役に就任。同時に初代監督を兼任することになった。プリマハムの選手は会社を退社しチームに加入。選手は午前中から昼過ぎまで派遣社員として働き、その給料が運営会社に入り、そこから給料という形で支払われた。その派遣先を探したのも社長や専務、中野らだった。

とにかく中野はなんでもやった。監督自らピッチのラインを引き、看板や観客席の準備など会場設営にもかかわった。監督業だけでなくマネージャー業、フロント業もひとりでこなした。この『なんでも屋』の経験が後に生きてくるのはいうまでもない。

そして迎えたJFL1年目だったが、結果は4勝26敗。16チーム中、最下位だった。とはいえ対戦相手を考えれば無理もないだろう。なにしろ東京ガス（現FC東京）、川崎フロンターレ、モンテディオ山形、NTT関東（現RB大宮アルディージャ）大分トリニティ（現大分トリニータ）といった大企業の強豪ばかり。戦力も環境も整わない寄せ集めのルーキーが敵う相手ではなかった。

本来なら降格するはずの水戸だったが、優勝チームのJリーグ昇格と、福島FCの消滅により運良く残留となる。翌年こそと決意を新たにする中野だったが、ある日、新聞を見て目を疑った。

「中野監督辞任」

そんなこと一度も言ったことがなかった。どうしてこんな嘘情報が出るのか。どうやら関係者のリークらしいとわかって会社に抗議するが、すでに周囲は中野抜きでのチーム作りが始まっている。これ以上の争いは選手に迷惑がかかる――。居場所を失った彼は涙を飲んで辞任を選択。常務取締役も辞めて水戸を離れたのだ。

そんな時に声をかけてくれたのが流通経済大学だった。

流経大からは何度か誘いがあり、1997年に正式なオファーが届いていたが水戸ホーリーホックがあったため断っていた。水戸退団直後、改めてオファーが届くと中野は快諾する。そして1998年、流通経済大学サッカー部監督に就任するのだ。

当時を振り返り、彼はこう言った。

「とにかく悔しかった。大学で結果を残して、プロの監督になって見返してやろうと思いました」

だが、そんな新監督を待っていたのは、これまで以上の試練だった。

流通経済大学は茨城県龍ケ崎市にある。サッカー部の練習場は少し離れた田んぼのなか、陸上部のトラックに囲まれていた。大学サッカー部とはいえフルサイズのコート一面が取れず、キーパーが蹴ると相手ゴール前に届いた。

初めて練習場にやってきた新監督は、さらに衝撃を受ける。

駐車場にはシャコタンという車高を落とした改造車やメタリック塗装を施したヤンキー仕様車が並んでいた。部員は各学年20人程度いるはずだが、グラウンドで練習する選手はその半数にも満たない。それも茶髪や金髪、シルバーなどカラフルな頭が多かった。

中野は当時を力の抜けた笑顔で振り返る。

「体育会というより同好会に近い感じでしたね。練習といっても全員集まったことがないし、休んでパチンコしたりバイトしたりする学生ばかりでしたから。バイトといっても親の負担を減らすとかいうんじゃないですよ。車の改造をしたいから、このホイールを買いたいからとかいうんですよ」

たとえば、ある上級生とはこんな会話があった。

「こんどタイヤを変えようと思って。1本4万。全部で16万円必要だからバイト休めないんですよ」

練習を休む理由をそう真剣に話す学生に中野も真面目に答えた。

「そんなこと言っても練習があるだろ。シフト変えてもらえよ」

「いや、僕にとっては練習よりバイトが大切だから」

「だったらサッカー、辞めろよ」

「サッカーもやりたいんです。だから辞めません」

「バカ言ってんじゃねえ。もっとまじめにやれよ」

すると学生は怒りだした。

「おまえ、後から来てなんなんだ。俺は大学に4年間いるんだよ。監督だからって偉そうにすんじゃねえよ！」

今度は中野がキレてボコボコにした。

「そういう学生が何人もいましたから（笑）このチームは、そういうところからスタートしたんです。酒、煙草は当たり前。親からの仕送りをパチンコで使って、月末になるとご飯に塩かけて食べるとか、意識が低い選手ばかり。あきれましたよ」

実力的にもそれなりで、当時の流経大は関東大学サッカーリーグの下部である都県リーグに属するチームだった。その頃のエピソードは、体育会視点の中野と遊びたい盛りの学生とのギャップが激しく、それだけに中野の苦悩がにじみ出る話が多い。

こんなことがあった。

ある学生が試験だから練習を休ませてくれと言ってきた。いくらサッカー部とはいえ、学業は学生の本文である。中野も大賛成した。練習が終わった彼は、その学生を激励しようと、コンビニで買った暖かい缶コーヒーとポテトチップスを土産にアパートを訪ねた。ところがドアをノックしても出てこない。駐車場を確認すると車があるから部屋にはいるはず。だが、何度ノックをしても返事はない。おかしいな、眠っているのかなと思いながらも10分ほどノックを続けた。すると缶コーヒーが冷えきった頃、ゆっくりとドアが開いた。

「なんすか」

チェーンロックをしたまま、学生はおそるおそる声を出した。

「差し入れ持ってきたから開けろよ」

「いや、ちょっと…」

「勉強してんだろ」

中野が部屋のなかを覗くと、女の子がポツンと座っている。

裏切られた！　そう思った。

「ドア、開けろよ！」

学生は開けようとしない。中野が無理やりドアを引っ張るとチェーンロックが壊れた。部屋に押し入ると、学生と女の子の二人を座らせ、説教を始めた。

「おまえ、何やってんだ！　テスト勉強したいというから休ませたのに、どういうことだ!!」

その後、しばらく説教を続けた彼はこう言った。

「大学生なんて、そんなもんですよ。そういう場面をどう反省させ、同じ失敗を繰り返さないために、どういうふうに心に訴えるか。この大学に来て結構、それを会得したと思いますよ。最初？　殴っていただけです。こんなこと偉そうに言うことじゃないけど、それでは人は変えられない。この人に言われたから聞かざるを得ないよな、と思えるような人間に自分がなろうと。それは力ではなく、これだけ俺のためにしてくれるんだということを見せることで言葉の重みが生まれるというか、それしか変える方法はないと思います」

日本一Jリーガーを育てた指導者の原点がここにある。

『人に強制する前に自分が変わる』

『これだけ俺のためにしてくれるんだということを見せる』

それを肝に命じ、中野は流通経済大学を変えてきたのだ。

しかし、それでも彼はやる気のない選手を辞めさせなかった。

「クビにした方が簡単だけど、そういう学生をそのまま社会に出すのは指導者として無責任ですよ。たとえば100点満点で20点の子なら30点を目指せばいいし60点の子なら70点を目指せばいい。少しでも人間的に成長させて送り出すのが学生スポーツだと思うんです」

中野という人間は、ただチームが強くなればいいと思っているわけではないのだ。


当時、流経大に在学していた現在、東京実業高校サッカー部総監督の片山智裕は中野が暴れる現場を目撃していた。

「同じアパートに住んでいたんですよ。そこはサッカー部の巣窟みたいになっていて、一般の人もいたけど、嫌で出て行って残っているのがサッカー部と外国人とか、そんな感じで(笑)。あの時は監督のすごい怒鳴り声が聞こえてきたんです。なんだろうと思って玄関から外に出たら、監督がそいつの改造車を思いっきり蹴っていたんです。ドアがへこんで、ミラーも壊れて。それを上から見ていて、おースゲーなって思ったのを覚えていますよ。結局、そいつはサッカー部を辞めて、大学も辞めちゃいました。だけど、今、考えるとすごいパワーですよね。今やったら大変じゃないですか。あの頃だからできたっていうのもあるけど、それくらい自分はこうしたいんだっていう思いがあったんでしょうね。流経を本当に良くしたいんだっていう強い思いの現れですよ」

一方で当時の学生は新監督をどう思っていたのか。中野が就任当時、大学2年生だった片山は言う。

「当時は同好会よりも、質は低かったと思います(笑)。本当、やりたい放題でしたから。そんな時に中野さんが来て、すっげー反発はありましたよね」

熱い思いでチームを改革しようとする中野に対し、これまでの自由気ままさを維持しようとする在学生ではうまくいくはずがない。当然のように確執が生まれた。

片山は強豪の修徳高校から流経大にやってきた。サッカー部を強化するという話を聞いて入学したが、現実は違った。そして、そのまま部の空気に流された。

しかし、片山のような本来、力のある選手が多かったのだろう。中野が来てわずか1年で関東大学サッカーリーグ2部に昇格したのだ。中野が振り返る。

「ルールを徹底させました。3年4年は酒も煙草も構わない。だけど未成年の1年、2年は絶対にダメだと。ただし、3年4年は構わないけど、練習で辛い顔だけはするなよと。そうやってサッカーをやる雰囲気を作ったら2部リーグに上がっちゃったんです」

こんなラッキーなこともあるんだと思いながら、監督として選手に忠告した。

「2部はスピードが違うしフィジカルも違う。そもそも志が違う。おまえらラッキーにも上がれたんだから2部で戦う準備をしよう」

天から降ってきたチャンスに選手の向上心を煽ったが、翌シーズンの4年生たちには届かない。

「このスタイルで勝ったんだから変える必要ないですよ。煙草を吸っても大丈夫」

「Jリーガーだって吸っているんだから」

素っ気ない対応に、それ以上、強く求めることは出来なかった。それでも中野はあきらめず、ことあるごとに声をかけ続けたが、何も変わらなかった。結果、1999年に昇格した関東大学サッカーリーグ戦2部では1勝もできないまま、翌年、都県リーグに降格した。

中野は降格してよかったと思った。

あのまま2部に残留したら選手たちは勘違いしたまま、何も変わらなかっただろう。無様な姿をさらすことで変わってくれるに違いないと。

同時に、思い切ったチーム改革の必要性を痛感した。

まずはやる気のある選手とない選手を区別した。前出の片山が振り返る。

「僕らが4年になる時かな。中野さんに言われました。合宿は一緒に行くけど、練習は別ね、みたいな。あなたたち4年生はあっちで勝手にやってください。（流経大出身プロサッカー選手1号の）阿部ら1年と2年、3年のやる気がある奴はこっち、悪に染まった奴はあっちみたいな（笑）」

さらに選手の生活スタイルを正さなければいけないと中野は考えた。選手の多くはアパートで一人暮らしをしている。夜遅くまでゲームを楽しんだり、彼女と遊んだり、自由気ままな学生生活をエンジョイしていた。食生活も朝ご飯抜きは当たり前。お金がないから晩ご飯は塩をかけただけの塩ご飯などメチャクチャ。これをサッカー選手らしい生活にしなければ未来はないと思った。

そこで考えたのが全寮制だった。

「よくグラウンドに入ったら人が変わるというけど、僕はそう思っていないんです。人はグラウンドに入っても変わらない。日頃の考え方、行動がそのまま出るんです。だからブラジルはブラジルらしいサッカーをするし、ドイツはドイツらしいサッカーをする。そういう意味で人間教育もしなければいけないと考えたんです」

保護者をつかまえては相談を繰り返した。

「どの親も賛成してくれました。強化するためには人間教育も含めて寮生活がいいんじゃないかと。それで全寮制に踏み切ったんです」

翌2000年入学の部員から全寮制に切り替えた。学校内にある職員用の宿舎をサッカー部専用の寮に変えて、1年生部員全員を入寮させた。2年生以上はそれまで通り、一人暮らしのままだったが、全員が入れる寮の建設も始めた。

この寮がまた難産だった。

耐久性を考えた鉄筋コンクリート製で部員全員が入れるように予算を組むと約2億円。その費用を大学に要求するが認められない。というのも他の部活動は寮があっても木造で800万円程度の建物だった。ラグビーなどの強化重点部でさえそれに倣っていたのに、都県リーグに過ぎないサッカー部の特例が認められるはずがなかった。

それでも中野は何度も頭を下げて、鉄筋コンクリート製の必要性を説いた。なかなか首を縦に振らなかった大学だが、最後は連帯保証人という形なら認めると言ってくれた。

とはいえ2億円だ。一介の教授にポンと出せる金額ではない。借りる当てもない。中野は土地を貸してくれる地主と交渉を重ね、10年の賃貸契約を結んだ。地主は中野の人柄を信用して土地を担保にJAから2億円を借りて寮を建ててくれたのだ。

こうしてようやく実現した全寮制だったが、またしても雲行きが怪しくなった。2000

年9月に寮が竣工し、入寮が近づくと一部の保護者が拒否してきた。

「みんな寮は絶対に必要だと言っていたのに、いざ新しい寮へ移行しようとなったら上級生の親たちが『うちの子が卒業してからにしてほしい』と言い出したんです。どの親も子供から言われたからだろうけど、そんな話、ありえないでしょう」

地主との約束を破るわけにはいかない。毎月、まとまった家賃を払うには部員全員の入寮が必須条件だ。中野は保護者を集めて入寮に関する説明会を開いた。

親たちは勝手な言い訳を口にした。

「子供が4人部屋は嫌だって」

「規則が厳しいのは耐えられないというんです」

中野は反論した。

「そんなこと言っても、みなさん寮の方が安いし強くなれるからいいって賛成したじゃないですか」

「そうなんだけど、子供が嫌だっていうから仕方ないでしょう」

もはや仕方ないで済む話ではなかった。2億円という大金が動いた寮建設は全寮制を見込んでの話である。しかもほとんどの親が認めて進めた話だけに、今更入寮しないというのは認めるわけにはいかない。

中野はずっと我慢してきた言葉を口にした。

「寮に入らないならサッカー部を辞めてもらって結構ですよ」

すると親たちが興奮し始め、話し合いが紛糾した。

いつしか話題は入寮から中野の監督としての能力や人間性の否定へと替わっていく。さらに練習内容や選手起用、采配まで文句をつけ全否定してきた。

そして——。

「土下座しろ。謝らないと協力しないぞ」

中野は理不尽だと思いながらもこう言った。

「土下座すれば寮に入ってくれるんですね」

中野は床に膝をつくと、ゆっくりと両手をついた。

その場にいたサッカー部関係者、大学関係者は「土下座する必要なんかないですよ」と憤慨した。女子マネージャーは監督がかわいそうだと泣き出したが、中野はためらうことなく床に頭をつけた。

「僕は土下座をすることに抵抗はありません。それでうまくいくならいいじゃないですか。あの時も僕が土下座することで納得してくれた親御さんもいると思うし、良かったと思いますよ」

中野のプライドといっていいだろう。流通経済大学サッカー部を強くする。そのために全寮制は欠かせない。それを実現させるためなら土下座もやってやると——。

中野が床に頭をつけると、喚き散らした保護者も黙った。

それでも、主力数人を含む10数人が退部した。

「そこからなんです。うちが強くなったのは」

そう中野は断言した。

茨城県龍ケ崎市にある大学から約2キロ離れた周囲に畑が残る長閑な地域に流通経済大学サッカー部の寮『龍駿寮』は完成した。全学年が寮生となる全寮制として新生流通経済大学サッカー部はスタートした。門限を設け、禁酒・禁煙など体育会らしいルールを設けることで、よりサッカーに打ち込める環境を整えた。さらに中野は博子夫人と寮に住み込み、選手を指導すると同時に食事の管理も行うことにした。

だが、一度、乱れた生活はなかなか元には戻らない。

ある日のこと。中野は近所の公園を散歩していてカップラーメンの空容器を見つけた。なかには水を吸って茶色に変色した何本もの煙草の吸い殻が乱雑に刺さっている。

©スタジオ・アウパ　今井恭司
難産の末にできあがった龍俊寮。現在4棟あるが、全てはここから始まった。

「うちの部員だ！」

中野はピンっときたが、犯人を捜そうとは思わなかった。慣れない集団生活に加え、ルール上は禁煙を設けたが、そこまで追い込んでは気の毒と思った。とはいえ、このまま放置しておくわけにはいかない。毎日、吸殻を拾いに行った。数日すると、吸殻がなくなった。こんな簡単に止めるはずがない。あちこち歩いて探すと、別の公園で見つけた。また来る日も来る日も吸殻を拾い続けた。学生たちは拾い主が監督だと気づいていた。それでも知らない振りをして吸い続けていたが、根負けした部員が謝りに来た。

「すみませんでした。もう煙草止めます」

そのうえ公園のゴミ拾いを手伝うようになり、その人数は次第に増えていった。

中野はすぐに感情的になって怒ることも少なくないが、一方で冷静な一面を持つ。長い目で理想的な組織を作ろうとするなら、俯瞰的な視線から判断しなければならない。それを辛抱強く行動できる二面性を持っているのだ。

素直に反省する姿勢を見せた学生たちに彼は温かい視線を向け、こう言った。

「おまえらが大学を卒業して実家に帰るのもいいけど、ここ龍ケ崎に住みたいと思えるような街にしよう」

流経大サッカー部は週末にあるリーグ戦後の月曜日がオフとなっている。明けて火曜日は部員全員でゴミ拾いをするようになっていく。その光景に感動した龍ケ崎市民が同チームの私設応援団『まちの応援団』を結成し、１３００人を超える会員を保持するほどになったのだ。

一方、強くなっていく流経大を横目で見ながら後悔した選手もいる。前出の片山はこう言った。

「やる気がある選手とない選手を分けられた時、僕も迷ったんです。2部リーグの3年の時は試合に出ていたからもう一年、真剣にやろうかと。でもAチーム（トップチーム）ではもうやれなかった。4年でほぼ単位は足りていたけど、1年の時にサボって落としてた必修教科が結構あったんです。それに教職のための授業とか就職活動や教育実習もあって、サッカーに打ち込める余裕はなかった」

片山は1、2年生の時期にサボったことを後悔している。2年生の時に2部リーグ昇格を決めたわけだが、その昇格をかけた西が丘（現味の素フィールド西が丘）での専修大学戦に高校の恩師が観戦に訪れた。片山の様子を見て「おまえ、何やってたんだ」と叱られた。そこから気持ちを入れ替えたが、取り戻すには遅かった。

4年生になると、片山のポジションGKには1年生の塩田仁史が座った。

片山は改めて中野について語る。

「僕らが現役の頃は邪魔な存在だったんじゃないですか（笑）。だから在学中は、それほど接点はなかった。卒業してからの方が多いですね。やっぱり中野さんのメンテナンス、マネジメント、プレゼンはかなりうまい。指導もそうだけど、いろんなことで環境を整えた人じゃないですか。そこの部分は同じ指導者として非常に参考になります。だって寮を作っちゃったんですからね。驚きですよ。ないことを言っても始まらない。すべてを受け入れて環境を良くしなければいけない。指導者になってみて、初めてわかることっていっぱいありますよね。ほんとうに中野さんは尊敬できる人だと思います」

そういう片山も東京実業高校を確実に強化し全国大会を狙える実力あるチームに育て上げた。今でもOB会や蹴り納めに顔を出し恩師との親交を深めている彼が続ける。

「中野さんの記事とか書物とか出ると読みますよ。いろいろ勉強になりますからね。そこには、やっぱダメな時代が書いてある。それを排除したから今の流経があると思うけど、ダメな時代が書いてあるとうれしいんです」

自分たちが生きた証と中野の愛情がリアルに蘇ってくる。そこには指導者として学ぶべきものが豊富にあるのだ。

第6章

プロ1号阿部吉朗と後輩たち

先駆者の背中に学ぶ

© スタジオ・アウバ　今井恭司

流経大のレジェンド、プロ1号選手の阿部吉朗。2002年Ｊリーグデビューと、思ったより最近だが、ここから20数年で150人以上のプロ選手を輩出するに至る。

「本気になれるか、本当に最後までやり抜いたのか。いろんな選手を見てきて、プロになるために大切なのはそこだと思いますね。そのあたりの意識を持ち続けられるのか。どういう目標に向かって、どういうゴールを設定しているのか。自分のなかで明確にしないと」（中野）

2002年11月、味の素スタジアムで天皇杯全日本サッカー選手権大会3回戦FC東京対湘南ベルマーレが開催された。観客席には流通経済大学サッカー部の選手が多数、駆けつけていた。

ピッチでは流経大4年の阿部吉朗がボールを追いかけていた。直前まで関東大学サッカーリーグ戦2部に出場していたFWはFC東京と正式契約を結び、強化指定選手制度を利用してこの日、Jリーグデビューを果たしたのである。流通経済大学出身初のJリーガー誕生だった。

この日、観客席で観戦していた1学年下の塩田仁史は鮮烈に覚えているという。

「いきなり2ゴール決めたんです。スゲーと思いました。それまで大学サッカーとプロって隔たりがあったんです。だけどあの代は阿部さんとか巻（誠一郎　当時駒澤大学　元日本代表、元ジェフユナイテッド千葉、東京ヴェルディなど）さんとかがプロでも即戦力で活躍して、大学生いいねっていう時代がスタートしたんですよね」

それまではユースからトップ昇格、あるいは高校からプロと18歳までにプロ契約する選手が主流で、大学からプロは少数派に過ぎなかった。

塩田もプロは遠い存在と思っていた。

「今でこそ大学生とプロの練習試合は当たり前だけど、あの頃はたまに呼ばれるぐらい。鹿島とやってボコボコにされてプロのレベルを思い知らされて、ちょっと敵わないなという印象だった。そういうプロ相手に同じ寮にいる身近な人が活躍しているわけですよ。プロに入るだけじゃなくて結果も出せると身を持って教えてくれた。先駆者的な存在ですよね」

ピッチを縦横無尽に走る姿が眩しかった。ゴールを決めた先輩は格好良かった。阿部の姿は在学生に勇気を与えた。

ここから流経大は強豪大学へと変化しプロ選手を大量に輩出するようになるのだ――。


阿部は常総学院卒業後、駒澤大学進学を希望していた。国体代表に選抜され、それなりの自信を持っていたがセレクションを受けた際、その場にいた巻誠一郎から「もう（獲得する選手は）決まっているよ」と言われた。半信半疑のままチャレンジしたが、やはりダメだった。一般受験に切り替えて駒澤を目指そうと思っていると、流経大の中野雄二監督が声をかけてくれた。

中野との最初の出会いは高校1年生の時だった。当時、プリマハムFC土浦監督だった中野が常総学院へコーチに来たことをきっかけに、以来、公私ともに世話になってきた。

だが、阿部は中野の誘いに戸惑った。

「中野さんはうちが面倒見るからと言ってくれたけど、流通経済大学って正直、どこにあるかもわからない。誘っていただいたけど、親にも言いづらくて…僕の家庭は父も兄も勉強で進学しているんです。流大でサッカーがダメだったらどうするんだと思ったし、いろいろ悩みました。それでも中野さんを信じてみようと思って親に相談したら、『お前ぐらい食わせてやれるぐらいのお金はあるから中野さんを信じて行ってみろ』と。それで僕も4年間、死に物狂いで勝負しようと思ったんです」

誘ってくれた中野には、こう尋ねたという。

「流大に行ったらプロになれますか」

すると中野はこう答えた。

「プロになれる約束はできないけど最大限の努力はするよ」

その言葉を信じて阿部は流経大にやってきたのだ。阿部が続ける。

「僕、本当にプロになりたかったんです。高校も強いわけじゃなかったけど、ナイター設備があったから選んだんです。サッカーは団体スポーツだけど、個人スポーツのように考えていて自分を高めたらプロに行けると思っていた。本当ならチームとして全国大会に行けたら近道なんだろうけど、プロのスカウトが何を見るかというと個人の動きだと聞いたんで、やることとやって自分の実力を上げようと。そうすればどんなところでも光るようになるんじゃないかと考えたんです。でも大学に来た時は県リーグだったから、こんなところからは無理だよという人が多かった。僕自身も、そういう人たちの気持ちがわからなくはない。すごく難しいところからのスタートだとは思ったけど、4年間、やると決めたんです。やるだけやってダメならあきらめようと親とも話していたし、とにかく自分で考えて、これやってこれやって、それでもプロになれなかったらしょうがない。でも、もしひとつでもやるべきことをやらなかったら後悔する。そう思って最後までやり通すと決めたんです」

しかし、入学した1999年当時の流経大サッカー部は不良のたまり場だった。

阿部が振り返る。

「当時はサッカー部全体の8割が不良でしたね。髪はシルバーか金髪か、みたいな。車はシャコタンだったり、ボタンでうしろが持ち上がったり、ガリガリとマフラーが地面をこするようなアメ車もありましたね。交差点で女の子がいるとプワーンとクラクションを鳴らしたり。知り合いですか？　と聞いたら、女の子がいたからと（笑）。結構、いっちゃってる人がいました。そんな先輩たちだから監督もサッカーさえすれば、他のことはあまり言わなかったけど、僕らの代から要求が変わってきたんです。茶髪はダメとか最低限の身だしなみですよね。そこから少しずつ変えようとしていました」

一方の中野もチーム作りの難しさを感じていた。

「クビにしたいけどクビにしたら選手がいなくなっちゃいますからね」

だから体当たりで選手の指導をしていた。阿部が驚いたことがある。何があったのかわからないが、ある選手を中野が殴った。すると選手は後ずさりした。それを追いかけるようにピッチの半分ぐらい、50メートル近く歩きながら殴り続けたのだ。阿部が言う。

「今じゃありえないけど、すごかった。多分、殴られてもふてぶてしい態度だったんじゃないかな。何か言いながら監督は殴ってましたから」

今では考えられないことだし、当時でもやり過ぎなのは間違いない。ただ殴るという行為は非常に体力を消耗するし精神的にも辛くなる。それでもここまでできるというのは、本気で流経大サッカー部を立て直したい、その選手もこのままではいけないと思っているからこそである。

中野は阿部たちの入学を境に不良と本気のサッカー部員を区別しようと考えた。すでにポジションの半分は1年生が奪っている。将来のためにもその1年生を周囲の環境から守らなくてはいけない。特に阿部は流経大サッカー部の未来を担う存在だけに、なんとしても守らなければいけなかった。中野が振り返る。

「大学生だから指導者よりも選手同士の影響力の方が強いじゃないですか。だから阿部ちゃんを守らなければいけないと思ったんです。でも、本人がしっかりしていたから流されなかった。僕はそれをサポートしただけ。ご飯を食べに行ったりしてよく話はしましたね」

中野はいつもこう言って励ましてくれた。

「阿部ちゃんは自分の思うようにやればいいんだよ。負けたって自分自身が輝けるようにプレーすればいいから」

阿部は中野への感謝をこう言う。

「中野さんは一生懸命教えてくれるし、見守ってくれているというのはすごく感じた。だから恩返しをしたい思いはずっとありました」

阿部は今でも覚えている。

「おまえらは違う。お前らが流通経済大学を変えていくんだ。いいか、おまえらは日本一になるんだ。俺はなれると思っている」

写真提供／流通経済大学サッカー部

流経大時代の阿部（写真前列中央）。戸惑いながらもプロになるという信念を持ち続けた。

中野は本気でそう言ったのだ。

「日本一になるぞ！」

ことあるごとに部員たちに向かって宣言した。

しかし、阿部は困惑していた。

「僕らが1年の時、2部リーグで1勝もできずに県リーグに降格したわけです。それで日本一と言われてもピンと来ないですよ。高校日本一というのはテレビで放映するからイメージできるけど、大学日本一がどのレベルなのか、まったくわからないわけですよ」

すると中野は戸惑う1年生にボランティアを命じた。阿部ら数人の1年生はデンソーカップ日韓対抗戦の手伝いをしながら、柵の外から大学日本代表のレベルを肌で感じた。また時間があれば1部リーグを観戦させてくれた。そうやって大学日本一のイメージを作り上げていった。

「中野さんは常に上のレベルを意識させてくれた。意識することの大切さを教えてもらいました」

それは同時にプロになるためのイメージにもなった。

「練習はひとりでやるのが好きで、みんなが帰った後に練習していました。自分が戸締りしてグラウンドを整備して帰ればいいだけなんで。みんな早く帰ってくれるから、逆にやりやすかった」

そのやり方についてはこうだ。

「終わりを決めなければ逆算ができない。毎日、毎日、すごく頑張る人はいるけど、それじゃダメだと思いました。4年後にこうなりたいというイメージが自分のなかにあって、そうなるために逆算して、この時期にはこうなっていなくてはいけない。そうなるためにはこうしなければいけないと考えるようになってからは時間がいくらあっても足りないなと思うようになりました」

毎日、ひとりで居残り練習を続けた。その姿は流経大の伝説として語り継がれるほどだが、当時は「いつまでやってんだよ」というバカにするような周囲の視線を感じた。実際、後になって同級生からも言われた。

「関東リーグ1部ならわかるけど、しょせん県リーグなのに、そんなに練習してバカみたいだと思っていたと同級生から言われました。俺にはできなかったと。4年になって2部に再昇格した時、その人たちはトップチームから外れていたから『あの時、もっとやっておけばよかったと後悔したよ』と言っていました」

その居残り練習を支えたのが大平正軌コーチだった。大平が振り返る。

「チームの練習は夕方5時から7時ぐらいで終わるけれど、あいつ、その後も10時ぐらいまでやるんです。僕も現役を上がったばかりで元気だったから一対一とかよくやりました」

当時、大平は正式なコーチではなかった。この年、水戸ホーリーホックを退団して中野を手伝おうと流経大にやってきたが、大学に専任コーチを持つ余裕はなく、アパート代だけ出してもらい、あとはサラリーマンとして働きながら選手の指導をしていた。

当時、1年生だった阿部は大平から練習のやり方、イメージを叩き込まれた。だが、この関係は残念ながら1年限りで解消となった。大平が理由を説明する。

「僕は朝7時から夕方5時まで仕事をしてから練習に出てたけど、阿部がどうしてもプロになりたいと言うんですよ。それなら片手間で教えてはいけないと思って監督にサッカー専門でやりたいと相談しました。監督も大学と話はしてくれたみたいだけど、当時はコーチなんていないし大学もお金は出せないと。で監督も悩んじゃって。そんな時に監督の知人で僕も一緒にプレーした人が水戸短大附属高校の監督になるから寮管（寮の管理人）+コーチとしてやらないかと誘ってくれたんです。監督に可愛がってもらっていたから流大に残りたかったけど、そんなわけで…。辞めると決まってから2か月は毎晩二人で飲み歩きました」

3年後、結婚を機に大平は流経大に戻ってくるが、その間、阿部は黙々とひとりで練習を重ねた。誰もいないグラウンドの周囲を走る足元は、細かい砂利が剥げて土がむき出しになり、一本の細い道ができた。多くの部員はそれを『阿部ロード』といいながらも、半ばあきれるような視線を向けていた。

だが、やる気のある後輩には刺激になった。目標を失いかけていた後輩にとって、実力のある先輩のひたむきな背中ほど教えてくれるものはない。

前出の塩田仁史はこう振り返る。

「阿部さんは別格でした。チームの核で絶対的なフォワード。その先輩が毎日、遅くまで練習しているわけですよ。そういう姿勢は後輩に伝染します。あの人がいなかったら、多分、3部（都県リーグ）というか、苦しい時代から上がっていくことはなかったと思う。ああいうレベルの高い人がチームにいるだけで刺激になりますからね」

塩田は大平とすれ違いで水戸短大附属高校からやってきたが、彼もまた希望の大学に落ちて仕方なく流経大に入学してきた人間である。

「プロにも行けず、大学も落ちて行くとこがなかったんです。流経だって3月に受けたんですから。全く名前を聞いたことがないし、どんな大学かもわからない。僕自身が茨城出身なので、それで決めた感じです。もうサッカーよりも青春を謳歌しようと思ってました（笑）」

入学後、選手や環境を見て、ますますその思いを強くした。塩田が入学した時は奇跡の関東大学リーグ2部昇格から1年後、再び都県リーグに降格していた。当時の茨城県リーグは茨城大学と常磐大学、茨城キリスト教大学、茨城工業高等専門学校、それと流経大の5チームでリーグ戦は年間8試合。毎試合5点以上入るような一方的な展開が多かった。しかもハーフタイムのミーティングで中野が説教していると、隣の喫煙所で「だりいな」といって相手チームの選手が煙草を吸っているような環境だった。

「もう地獄ですよ。俺ら何やってんだろうと思ってました」

そう塩田が言うように、多くの選手がやる気を失うのも無理はない。そういう環境の下でプロを本気で目指した阿部の精神力は尊敬に値する。もちろん、それを信じて疑わず、全力でサポートする監督はじめ、スタッフがいたからである。

塩田も中野の阿部に対する気遣いは感じていた。

「阿部ちゃん、阿部ちゃん、飯食いに行こうよって、よく中野さんが誘ってました。もう阿部さんのことが大好きですから（笑）。そりゃあ中野さんからしたら、弱いチームに先駆者として来てくれたんだから、大切にしますよ」

そういった愛情は、何も阿部だけではない。塩田も感じ始めていた。

「すごい本気でぶつかってくるんですよ。本気で怒られる。大学生になって、こんなに怒られるのかと思うことが多々ありました。でも、優しい時は本当に優しい。試合の後とか大学サッカーではなかなかないと思うけど、みんなでファミリーレストランに行って飯食うとか、帰りのバスで寄ってくれて食べ放題に行くとか。人情味があって、そこが好きでしたね」

チームが上向きつつあった時期だけに、選手とのコミュニケーションをより図りたいと思ったのだろう。同時に、これは選手のやる気を引き出す作戦でもある。

中野が良く口にすることがある。

「トップチームは流通経済大学サッカー部の頂点だから、他の選手の憧れにならないといけない。だからトップ選手には特別なことをしますよ」

こういった食事も他のカテゴリーではありえない。トップチームにだけ許された特権といえるだろう。

また、中野が選手一人ひとりにかける言葉も適切だったと塩田は言う。

「(やる気のない)先輩に話しかける時と僕らに話しかける時の使い分けがすごいと思いました。チームを作る上でいくらサッカーを知っていても、いくら戦術眼があっても、チームをまとめる力がなかったらダメだと思うんです。中野さんはそういうマネジメント能力に長けていますよね」

阿部の存在、中野の愛情に刺激され、塩田のやる気も次第に復活してきた。

「トップチームに参加させてもらって、そこからですね。やっぱり大学サッカーで目標が見つけられましたから」

最大の転機は1年生の夏だった。天皇杯茨城県予選で筑波大学と対戦。春の練習試合で1・

5軍相手に0－6で完敗したが、今度はトップチーム相手に敗れはしたが0－1と健闘した。

「僕の記憶では、うまいけどチンピラでチームから離れていた4年生がそのあたりで戻ってきたんです。それを中野さんが受け入れて、最後、みんなで本気で勝とうと。そこが強い流経の始まりだったと思います」

まずは関東大学サッカーリーグ2部への再昇格が目標だった。それには茨城県リーグで優勝し、続く北関東大学サッカー選手権大会でも優勝しなければならない。次に関東大学サッカー大会でA、Bどちらかのリーグ戦（4チーム）で優勝し、優勝チーム同士の決勝戦に進出するのが最低条件と、都県リーグから関東大学サッカーリーグ2部昇格は果てしない道のりなのだ。

塩田もこう言った。

「1部どころか2部だって、正直、雲の上の存在というか、はるか上のイメージで、自分らの立ち位置がわからない。どれだけ上のチームが強いのか、ぜんぜんわからなかった。それでも中野さんは本気で勝とうと思っていたんですよね」

選手も監督も、とにかく必死だった。チームは勢いに乗り茨城県リーグで優勝すると北関東大学サッカー選手権を制し、関東大学サッカー大会へと進んだが残念ながら専修大学に敗れBブロック2位に終わった。

試合後、控室で選手たちは肩を落としていた。誰もが無言で降り出した雨音だけが聞こえていた。中野が戻ってくると、選手たちはまた説教されると思った。ところが、監督は選手の顔を見ると優しい表情を浮かべた。

「よく頑張った。来年、もう一回、頑張ろう」

思いもよらない言葉に選手たちの目に涙が浮かんだ。

塩田が当時を振り返る。

「4年生が戻ってきてくれてチームが変わって、いい感じで勝ち進んでいたからよけいに負けて悔しくて。だから、あの言葉は心に残っていますね」

翌2001年、流経大は前年の悔しさを糧に勝ち進み、関東大学サッカー大会へと駒を進めると前年に敗れた専修大を破り、決勝では早稲田大学を下して優勝。2度目の関東大学サッカーリーグ2部昇格を果たしたのだ。

さらに同年12月には流経大サッカー部として歴史的偉業を成し遂げる。第81回天皇杯全国サッカー選手権大会に初出場。2回戦で敗れたとはいえ、初めて茨城県代表として日本最大のカップ大会に臨んだのだ。

予選では宿敵・筑波大を破った。前年春の練習試合で1・5軍相手に0－6と完膚なきまでに叩きのめされた、関東大学サッカーリーグ1部の強豪を下しての出場だった。

その筑波大戦の話に阿部は笑顔を見せた。

「自分たちにもできるんだと自信が持てるようになった大会でした」

「そこから筑波と肩を並べるというか、徐々に張り合えるようになっていくんです」

塩田は続ける。

「のちにFC東京で筑波OBの羽生（直剛　元日本代表）さんと一緒になった時、言ってましたよ。（0－6の）練習試合の印象が強かったみたいで、『俺らは毎日、真面目に練習してんのに、なんでこんな奴らに負けんだよって思った』って（笑）」

さらに当時の思い出を塩田が語る。それは年が明けてすぐのことだった。

「成人式の日かな、関東選抜かなんかの合宿に呼ばれたんです。僕らまだ2部昇格が決まったばかりのチームだったから肩身が狭くて。自己紹介で『流通経済大学です』って言ったら、みんな『流経って何？』『どこにあるの？』みたいな（笑）。他は学芸とか早稲田とか明治とか有名大学ばかりで、流経という名前があまりにも無名すぎて居場所がなかった。まあ茨城に住んでいる僕が知らなかったぐらいだから仕方ないですけどね」

選手個々の実力は認められてきたが、流通経済大学の知名度は低いままだった。

ちなみにこの時、関東大学選抜Bに塩田とともに選ばれた阿部は、その活躍が認められデンソーカップ・日韓大学対抗戦に全日本大学選抜として出場。2得点で大会MVPに選ばれ、一気にブレーク。関東大学サッカーリーグ開幕前に、２部在籍ながら大学Ｎｏ．１ＦＷといわれ、プロからの注目も高まった。

塩田が大学時代、中野に厳しく叱られたのは１〜２回だったと記憶する。忘れられないのは横浜Ｆ・マリノスの特別指定選手になった大学４年生のこと。月曜から木曜までＦ・マリノスの練習に参加して金曜に大学の練習、週末はリーグ戦というスケジュールだった。事件は関東大学サッカーリーグ戦２部の東海大戦に起きた。試合は３－０か４－０で一方的な展開。ところが、そこから２〜３点を失い、中野がぶち切れた。

「そんなプレーするなら、マリノスの練習に行かせねえぞ！」

怒りの矛先は塩田に向けられた。

「気が抜けていたとは思わないけど、中野さんにはそう見えたんじゃないかな。僕は常にクロスを狙っている方だったから、その目測を誤ってシューターリング（センタリングを狙ったボールがゴールに向かってくること）みたいなのがそのまま入ってしまったんです。うちのディフェンスが小さいから僕が前に出てカバーしなきゃならなかったんだけど…ムカついて、それをコーチに電話して愚痴ったんです。だけど、言われたことに向き合うのが勉強じゃないですか。コーチとの電話でそう思うようになったんです。なんでこんなに言われるんだよと思うこともあるけど、人の成長って言われたことに対して、それを考え、どう消化するかってことだと僕は思っていて、それができるようになったのは流経のおかげだと思っているんですよね」

大学で青春をエンジョイしようと考えていた塩田も、その頃は流経大サッカー部を支えるひとりとなっていた。

チームは確実に変わってきた。

そして阿部の2学年下、塩田の1学年下に栗澤僚一（現柏レイソルコーチ）が入学してきた。彼もまた志望した大学を落ちて仕方なくやってきたひとりだ。

「他の大学に落ちてきたけれど、関東の1部まで行こうという中野さんの志に打たれた部分は正直ありますね。大学は自分次第でなんでも変えられる。遊びに行く奴はいけばいい。いい加減、大人なんで、選択権は自分のなかにある。だから、自分で整理したのはどこの大学だろうが自分でどれだけできるか。というところで流大なら自分らしさを失わずにできるのではないかと思えたんです。やっぱり中野さんと喋って、すごく影響を受けました。もっと上を目指すにはという気持ちを人一倍持っているし、それは常に伝わってきましたからね」

それと2学年上の阿部の存在は、やはり大きかったという。

「4年生が趣味でサッカーをやっているような雰囲気のなかで、真面目に取り組んでいる姿勢とか、また身体能力も高いし、こういう人もいるんだなって刺激を受けました。ＦＣ東京の特別指定選手になって味スタで点取ったじゃないですか。そういう存在が身近にいるっていうのは、流大のサッカーに関わる人ならみんな頑張れば自分も行けるんじゃないかと希望を持てたわけで、あの存在は大きかった」

特に練習が終わった後、ひとりで黙々と『阿部ロード』を走る姿に触発された。

「どんな環境でも自分次第で道は切り開けるんだって思わせてくれたし、意識を高くさせてもらった。俺たちもやんなきゃいけない。ああいう人がやっているんだからって思わせてくれました」

栗澤は部員の意識が年々高まっていくのを感じていた。普段の練習でも妥協が見えると「なんだ、そのプレーは。チームのことを考えろ」と選手同士で注意するようになったというのだ。そこには頑張れば自分もプロになれる、そのためには自分をアピールしなければいけないという新たな目標の出現があった。そういった意識の高さは結果にも表われるようになってきた。

２００２年に再昇格した関東大学サッカーリーグ戦２部で４位と大躍進。阿部は見事、２部の得点王に輝いている。ちなみにアシスト王は中央大学の中村憲剛（元日本代表、元川崎フロンターレ）だった。翌２００３年には２部で優勝して、ついに１部昇格を果たすのだ。

中野が流経大サッカー部監督に就任して、わずか6年の出来事である。

そして2004年、1部に昇格した流経大は、周囲が驚く快進撃を見せる。

「意外とやれるという雰囲気は自分たちにもあったんですよね。1部に上がったばかりだけど、手探りではなく優勝を目指していたし、どことやっても負ける気はしなかった。そういう雰囲気は2部の頃からあったんです。俺たちはここにいるべきじゃない、1部で優勝するためにやってるっていう雰囲気でやれてたんですよね」

そう栗澤が言うように、流経大イレブンは1部昇格1年目とは思えないほど自信満々の試合運びで連勝を重ね、優勝争いを演じたのだ。

栗澤はこうも言った。

「監督を、どうしても勝たせたかった。一緒に都県リーグからやってきたという思い入れもありましたからね」

都県リーグ、関東大学リーグ2部と一緒に苦労を重ねた中野を男にしたいと思ったのだ。

挫けそうになると、中野の檄が飛んだ。

「ここで満足するな!」

「俺たちは勝つために来たんだ!」

その言葉を聞くと、中野の苦労を知っている選手たちは奮い立った。こんなことで挫けては中野に申し訳ないと自分に言い聞かせた。

ここまでこれたのは中野のおかげだ。栗澤は言う。

「大学に来た時は守備があまりできなくて細かく言われました。もっと頭を使えとか、これができたら、これもできるだろうと、そういうアプローチをしてくれた。たとえば、もっと周りを動かすような声を出せ。格の違いを見せなければいけないとか、そういう高い要求をしてくれました。だから自分は成長できたんです」

そして優勝争いは最終戦までもつれた。閉会式を控えた西が丘サッカー場（現味の素フィールド西が丘）には関東大学リーグ1部、2部の選手、関係者が集まり観客席も話題の流経大に視線を注いでいた。

対戦相手は因縁の筑波大である。注目のルーキー平山相太（元日本代表、元ヘラクレス・アルメロ、FC東京など）や藤本淳吾（現横浜F・マリノスコーチ）、阿部翔平（現CGROSSO知多）鈴木達也（元柏レイソル、FC東京など）兵働昭弘（元清水エスパルス、柏レイソルなど）といったタレントを擁する強豪相手に勝てば優勝というドラマチックな展開だった。

試合は点の取り合いとなった。平山を中心とする筑波大の攻撃力に対し、流経大は一歩も引かない。打ち合いを挑んだ。結果、3－4で敗れ準優勝に終わったが、流経大の強さを改めて見せつける格好となった。

さらに12月の第53回全日本大学サッカー選手権大会（インカレ）で3位に輝くと、龍ケ崎FCから改名したクラブ・ドラゴンズも社会人リーグを勝ち上がりJFL参入を決めた。現在の流経大サッカー部の型がこの時、出来上がったのである。

そして阿部に続き塩田、栗澤と3年連続でFC東京に入団することになり、流経大出身のプロ選手が続々と誕生していくのだ。

余談になるが横浜F・マリノスの特別指定選手だった塩田は入団先としてFC東京を選んでいる。強化指定選手制度は2003年から特別指定選手制度と名称を変更し、2018年からは契約内定選手の扱いだが、それ以前は入団を強制するものではなかった。塩田にはF・マリノスのほかに柏レイソル、鹿島アントラーズ、FC東京からオファーがあり、悩んだ末の決断だった。

「監督からは塩が行きたいところに行けばいいとしか言われなかった。だけど、僕はマリノスの指定選手で、しかもマリノスのスカウトは監督と大学の同級生だったんです。それでも俺に気を遣わなくていいから行きたいところに行けと。それでFC東京を選びました。監督は、なびかないですよね。チームによってはJのスカウトと仲良くなってあそこに行けという指導者もいるけど、監督は関係ない。そういうところは選手に愛情があると思います」

選手ファーストの考えにブレはない。だから選手からの信頼が厚いのだ。

中野の妥協を許さない行動力、組織を整えるマネジメント力は誰もが真似できるものではない。それが都県リーグからわずか6年で関東大学サッカーリーグ1部の強豪チームへと変貌させた要因だが、その核にあるのが心の部分であることを再度確認しておく。

栗澤はプロになって、よりその部分の重要性を感じたという。

「プロになってもそこが一番大事ですよ。やっぱり、その人の性格がプレーに直結しますから。だから喋っていると、こいつ肝心な時もやんねーなというのがわかりますよ。やる奴はどっしりしているというか、肝が据わってる。素質があってもそういうとこで損する選手はいますよね。中野さんはその部分をすごく感じる人だから人間教育に力を入れるんだと思いますよ」

そして自身の経験を語る。

「学生時代、僕もありました。試合で負けた後、中野さんと喋っていて、うるせーなと思ったんです。それに気づいたんじゃないかな。『そんな顔するな』と。ちゃんとこっちの思いを受け止めたうえで、ダメだから負けたんだ。ちゃんと考えろ、と。冷静になっていろいろ思い返してみると納得する部分があるんですよ。ただ、今の学生にはなかなか伝わらないんだろうな。たまに練習試合で流大がうちに来るけど、今の学生も僕たちの頃と同じようなこと言われているし、プロになってもだいたい同じことを言われる。大学で気づいてトライして克服すればいいことだけど、それを受け入れるか入れないか、本人次第ですよね。早く気付けば次のステップに行けるんだけど。そういった意味で大学は人間的な部分が成長できる場所なんですよね」

ただし、現代は体罰問題などでかつてのような厳しい練習は出来なくなった。そういった社会環境の変移が原因なのか、若者にも変化が現れているという。

「こんな学生がいるって言ってました。プロは週1回休みがあるのに、なんでうちはないんだって言ってきた奴がいるって（笑）。たまたま事情があって休みがなかったんだろうけど、答えるのも嫌になるって。お前、大学生だろ、プロじゃないだろって。大学生の質の変化にビックリしているみたいですよ」

そういう人間的な『軽さ』はプロの世界でも感じている。

「なにくそ精神ってあるじゃないですか。昔は理不尽なことをやらされて、それが力になった部分がある。今は冷めた感じで、何言ってんの、そんなのできないからってやらない。中野さんが一番許せないタイプですよね。中野さんは気持ちの部分で選んでいる選手はいっぱいいると思いますよ。こいつうまいけど、チームのために何もできないなら使わないとか。

ふて腐れるならもういらないとか。選手をよく見ているし、そういうところは一貫してますからね」

中野にすれば、技術より大切な基準は『チームのため』だ。実際、２０１６年にはトップチームの主軸選手数人がルールを破ったために数か月、メンバーから外したことがある。その時期、チームは調子が出ず、しかもリーグ戦終盤になって２部降格の危機に陥っていたにも関わらず中野は最後までメンバーに戻さなかった。

「こんな奴ら、２部に落ちればいいんですよ」

そう言い切ったのだ。

中野の表情には苦悩が見え隠れしていたが、その姿勢に彼の教育者としての『芯』を見たような気がした。

「4年間、きっちりサッカーやった奴はまともな社会人になっていますよ。しっかり働いている。僕もプロサッカー選手を何年もやってきたけど、長く選手をやる奴は、みんなそれなりになんか持っている。妥協しない部分とか。そういう意志を育てるという意味でも、大学生活は大事だと思いますね。だから中野さんは人としての部分を大事にしているんだと思います」

栗澤自身もFC東京と柏レイソルでプロ生活14年を過ごしている。それだけ長いプロ生活を送れた理由は何か。

「目の前の奴がやっているのに、なんでおまえはやらねえんだ、なんで仲間のために走らねえんだ、90分間ボケーっとしている時間なんてないんだというのが中野さんの教えですよね。そういうことを徹底されたから、自分もプロで長くやれたんだと思います」

流経大出身の選手は長生きするといわれるが、それも中野の指導の賜物だというのだ。

前出の塩田仁史は大学で学んだことを聞くと、こう答えた。

「続けることとかあきらめないこととかかな。阿部さんも栗澤もプロで長くやったし、僕も長くやらせてもらった。それは大学の時、他の大学からずっと下に見られて、そのなかで努力して這い上がったように、うまくいってもいかなくても前向きに続ける、努力することを常々言われて、それを心掛けてきたからだと思うんですよね」

同じようなことを先日引退した宇賀神友弥も言っていた。

「逆境に立たされた時にもう一歩踏ん張れるっていうのはすごく感じますね。うまくいかなくても、こうグッと堪えて踏ん張れるんです」

そういうDNAが流経大の教えにあるのかもしれない。

塩田はさらに興味深いことを言った。

「あとはちゃんと怒られてきましたよね。これ言っていいのかわからないけど、某クラブの監督と食事した時、言われたんです。『流経の選手ってスゲー純度が高いよね』って。ダイヤモンドでいう純度が高いって意味だと思うけど、なんでかっていったら、今の子は怒られて来ないけど、流経の子はしっかり怒られて来る。だからなんでも吸収するし、怒っても変に曲がって受け取らない。それをうまく自分で消化してプレーにつなげようとしてくれるからこっちが助かるって。今の子はうまい言いまわしを使わないとふて腐れるとかプレーしなくなるとかあるけど、流経の子は違うって。それがすごくうれしかった。確かに、みんなすげー怒られて来ますからね。大宮で一緒だった（江坂）任なんか『まじ、うるせーなっていうぐらい守備について監督に怒られたけど、今感謝している』って言ってました。めっちゃ守備するようになって、それがストロングポイントになったと。そういうところだと思うんです」

近年、指導者の『怒り』は忌み嫌われている。部員が萎縮するとか、思考を奪うとか、指示待ちで何も考えなくなるとか…パワハラ問題もあって近年、そういった指導者は激減している。どちらかといえばおだてて褒めて選手の能力を伸ばそうという考えが増えているのが現状だ。

中野は厳しく叱るが、必ず「おまえはこうすればもっと成長するんだ」というアドバイス的な部分がある。実際、練習を見ていると、ボールがない時の動きについての注文が多く「もっとパスをもらいやすいポジションに動け」「仲間を助けろ」といった具合だ。ただ怒っているだけではないのだ。そして必ず「どうすればいいか、自分で考えろ」と言う。「教えたら身につかないから」と答えは出さないのだ。

そうやって叱られて考えさせられた経験が大きいと塩田は言う。

「流経は厳しいこと言われるけど、プロも厳しいですよ。下からどんどんうまい奴が来るから、怒られることはすごく重要で、そこから考えて上がっていくことが大事だと思います。僕自身、サッカーやっていて、どうしたら勝てるのか。どういうオーガナイズだったらとか、何が足りなかったのか、すごく考えるようになった。やはりプロの世界で生き抜くには自分で考える力だったり、自分で打開する力が必要で、流経で怒られることによって自分がどうならなくちゃいけないかと考えさせてもらえたんで、それは大きいと思います」

プロになるため、そこで生き残るために、何が必要か。技術だけでないのだ。中野の指導は好き嫌いが分かれると思うが、そこにはプロになるためだけでなく、社会で生きていくために大切なエッセンスが含まれているのだ。

では、この章の最後は、やはり阿部で締めくくりたい。２００２年にＦＣ東京でプロ生活をスタートさせると大分トリニータ、柏レイソル、湘南ベルマーレ、ヴァンフォーレ甲府、ジュビロ磐田でプレーし、２０１５年は松本山雅ＦＣに移籍。そこで出場24試合5得点と活躍しながら同年限りで引退を選んだ流経大のレジェンドは『意識』の重要性を説いた。

「僕が今感じるのは、プロになって当たり前というところから始まっておけばよかったという思いですね。プロになるのが目標で、それでも35歳までやれたけど、プロになった時に日本代表を目指せと言われてもピンと来なかった。

なりたいけど、自分がなれるのかなとか考えたりして…結局、プロで何年も経験して思ったことは、代表に素晴らしい選手はいるけれど、頑張って努力すればなれないことじゃない。それが引退する頃になって、ようやくわかってきた。ユースの子はプロを意識しているからプロになって当たり前。そこから始まるから日本代表にならないといけない。スタートの位置が違うような気がしたんです。だから、自分の息子にはプロになって当たり前と意識するように教えようかと。そうすればもっと上に行けるんじゃないかな。僕自身は何もない状態から意識だけでプロになれたから、プロが当た

© スタジオ・アウパ　今井恭司

元日本代表の中澤（写真右）と競る阿部（写真左）。彼の背中を見て育った後輩は、いつしか「代表に入って当たり前」となるのかもしれない。

り前という位置からスタートとしたら代表になれるかもしれない。もちろん能力の問題はあるけど、意識を持てばもっと広がると思うんですよね」

どんな環境であれ、意識と自分を信じる強い思いがあれば夢は叶うと、阿部の話を聞いて思った。

最後に彼は真っ直ぐな視線を向けてきた。

「僕は中野さんがいたからプロになれた。そういうきっかけってあるじゃないですか。僕もそういう存在になりたい。いつか僕にとっての中野さんのような存在になって選手を育ててみたいと思うんです」

流経大レジェンドは熱く語った。

第7章

本気

監督の本気が選手を本気にする

写真提供 / 市田実

年末に流経大で行われる「蹴り収め」には、毎年多くのOBが駆けつける。監督夫婦が選手と本気で向きあってきた証でもある。

「うちにきた高校選抜の子は、あまり成功していないんです。途中で大学を辞めたり、鳴かず飛ばずで4年間終わったり。共通しているのは自惚れですよ。自惚れている選手は伸びません。人の話を聞かないから。自分のやり方が正しい、自分は間違っていない、自分は努力していると思い込む。結局、その自惚れが成長を邪魔しているんです。その点、高校で失敗した人とか結果を出していない人は飢えてますよね。だから人の話をよく聞いて取り入れようとするし、人がやっていることを盗み取ろうとか吸収しようとする気持ちがある。だから成長するんです」(中野)

流通経済大学・中野雄二監督は信頼する選手にはあまり小言をいわない。現在Jリーグで活躍する選手の多くがそうだったが、なかにはひどく叱られた選手もいる。

その代表が元日本代表の二人。SC相模原の武藤雄樹とファジアーノ岡山の江坂任だ。彼らは、なぜ叱られたのか。それを自身はどう思っているのか。二人のインタビューと中野が『叱った理由』を紹介する。

ベガルタ仙台、浦和レッズ、柏レイソルで長年活躍してきた元日本代表は、2024年夏から地元クラブでのプレーを選択した。地元を愛する武藤は大学時代のエピソードを懐かしそうに語った。

「大学時代、監督のことは常に怖いと思っていました。ずっと怒られていたんで。俺、関係あんのかなという場面でも僕の名前を呼ばれて、怒られている印象しかない。毎試合、何十回って怒られていました。僕が4年の時はキャプテンだったけど、試合にはロメロ・フランク（現レイラック滋賀FC）ぐらいしか同級生は出ていなくて『おまえが引っ張れ。おまえが決めなきゃどうやって勝つんだ』とずっと言われてた。僕の性格をわかって怒ってくれたと思うし、僕もなにくそという感じでやれたから今があると思います。だけど、理不尽だと思った時はありますよ。無茶苦茶なこと言うなって。だってボールがないところで怒られるんですから。後輩がうまくプレーできていない時は『おまえがもっとケアしろよ』って。俺、そこまでやんなきゃいけないのって思いますよ。しっかりしたプレーしたつもりでも、決められなかったら『おまえ、今準備してなかったろ』とか。いやいや、してたからみたいな

写真提供／流通経済大学サッカー部

「叱られ続けて」日本代表まで上りつめた武藤雄樹。叱られることで調子の波を抑える効果があったようだ。

（笑）」

ちなみに、どれだけ怒られていたか、当時を知る人たちの言葉を並べよう。

「武藤さんは確かに怒られていた。ずっと怒られていた覚えがあります（笑）」（1学年下　増田卓也）

「僕はほとんど怒られた記憶がないけど、武藤さんは厳しく言われてましたね。どちらかといえば、見せしめのような（笑）」（1学年下　山村和也）

「よく怒られてましたね。ああいうタイプだし、サッカーのスタイルもああいうタイプで、今より本当にパス出さなかったんで、出せよって僕も何回怒ったか。中野さんもそういうのを含めて怒ったんじゃないかな。『ムトーッ！』ってかん高い声で怒ってたイメージがありますね」（3学年上　三門雄大）

どれだけ叱られていたか、想像できるだろう。今の時代では到底受け入れられないほどの叱責だったようだ。

武藤の言葉からも理不尽を感じる。そこで中野に疑問をぶつけた。すると苦笑いを浮かべながらこう答えた。

「理不尽なんてないですよ。たとえばうしろの選手がマーキングに失敗して失点したとすれば、それが原因だけど、その前の段階で武藤がボールコントロールのミスをして取られて攻め込まれたとするじゃないですか。もちろんうしろで守れないのが良くないんだけど、この選手は力がないから、その選手よりも『武藤、おまえが取られるからだろう』という怒り方はしていました。前から言ってるけど、能力のある選手は褒める必要がないんですよ。逆に能力のない選手はミスしたからといって指摘してはいけない場合がある。どんどんしょげていくから。武藤がいた時代は同じ学年にいい選手が3人ぐらいしかいなかったからうしろがミスしても責められない。だから、もっと点取れよというしかなかったんですよ」

さらに武藤の性格についても中野は指摘した。

「お調子者だから自惚れさせたくなかったんです。だから人より怒ったし、それと武藤という苗字は高橋とか4文字に比べて怒りやすかったんですよ（笑）」

そう言うとお調子者としてのエピソードを教えてくれた。

「武藤の結婚式でビックリしましたよ。奥さんはうちのチアリーディングの初代キャプテンなんです。チアリーダーのOGもいっぱい来ていて、披露宴の途中で現役も加わって新郎新婦を前に踊り出したんです。すると武藤が立ち上がり、その中央の一番前へ歩いていって、突然、踊り出したんです。まるでジョン・トラボルタのようにひとりでクルクルまわって（笑）。もう一番のヒーローですよ。僕もうちの嫁も黙って見ているしかない。それはお嫁さんをビックリさせようと思って企画したらしいですけど、もうノリノリで、よく恥ずかしくもなくそこまでできるなと。それぐらいお調子もんなんです」

お調子者はさておき、中野は自惚れをとにかく嫌う。チームプレーが第一と説く指導者は、もっと仲間を考えるよう武藤に厳しく接してきた。彼が4年生の頃、チームのレギュラーには1学年下の山村和也や増田卓也、比嘉祐介といったU－23日本代表のメンバーが顔を揃えていた。それを率いるキャプテンとして武藤が叱られ役を担ってきた一面もあるようだ。

武藤は神奈川・武相高校から入学した。プロ志望だったが大学なら流経大と決めていた。

「中学高校って、それほど強くないチームだったんです。少しお山の大将的な感じでサッカーをやってきたからレベルの高い人がいっぱいいるチームで揉まれたいと思ったんです」

当時の流経大には4年生に鎌田次郎（元柏レイソル、ベガルタ仙台など）や飯田真輝（元東京ヴェルディ、松本山雅FCなど）、澤口雅彦（元FC琉球、ファジアーノ岡山など）、赤井秀行（元栃木SC、SC相模原）、武井択也など後にプロで活躍する選手が顔を揃えていた。

3年生は同時に13人がプロ入りした年代で三門雄大、宮崎智彦、池田圭らの他に染谷悠太（現柏レイソルコーチ）、保崎淳（元水戸ホーリーホック、ザスパクサツ群馬など）など実力者が多く、さらに1学年上にも金久保順（元大宮アルディージャ、アビスパ福岡など）船山貴之（元川崎フロンターレ、ジェフユナイテッド市原・千葉など）、林彰洋、千明聖典、石川大徳、宇賀神友弥といった選手が並んでいた。武藤はその高いレベルに触れてもビビることなく、むしろ喜びを感じていたという。

「自分が一番うまいと思ってサッカーやってきて、それでポジティブに慣れていたからじゃないですか。だから1年で合宿に行った時もすごく調子が良くて、その次の週ぐらいにはトップチームに入れてもらえたんです」

ところが練習で実際に鎌田や飯田、染谷、宮崎といった大学を代表するDF陣と対戦すると思うようにプレーをさせてもらえず苦しんだ。

するると、中野はこう言った。

「プロに行きたいんだろ」

武藤が頷くと、

「それが抜けないならプロには行けないよ」

すでにプロ入りが決まっている選手もいただけに、どんな言葉よりも説得力があった。プロを目指すうえで自分の力を試す機会であり、課題を知る模擬試験ともいえた。

「すごかった。特に染谷さんは強かったという印象ですね。本当あの人たちとやれたのは楽しかったし、つくづくいい環境でやれたと思います」

さらに中野は1年生に対してこうも言った。

「おまえら、高校からプロになれなかった時点で、プロに行った同級生よりへたなんだよ。

どうやって、そいつらに勝つわけ？　今までと同じことしてたら勝てないよ。もっと走ったり、戦ったりしなきゃダメなんだよ」

考え方の変化を求められた。

武藤は高校時代、ドリブルで自分から仕掛けていた。ボールが欲しい欲しいだけで、自分勝手なサッカーだった。それを見た中野からはこう言われた。

「ボールがない時にどう動くか。ゴールを決めるには何が大切か、考えろ。うちには他にもいい選手がいっぱいいるんだから、おまえはボールがない時の動きをしっかりすればゴールは決められるよ」

中野の言葉に、武藤は変化していく。

「大学1年、2年の頃は好き勝手なプレーばかりしていたけど、中野監督に指導してもらって自分がプロで生きる道っていうのを見つけ始めました。特に動き出しの部分とか。そういうのを勉強させてもらった結果、プロになった今はボールがない時の動きで評価されるようになったんです」

それが高校時代との違いとなりプロへとつながるわけだ。名門浦和レッズでミスターレッズの称号ともいえる『9番』を背負い、日本代表に名を連ね、柏レイソルでも活躍したのはご存じの通り。

中野は武藤をこう評した。

「武藤は体が大きいわけじゃないし、めちゃくちゃ速いわけでもない。そういうこだわりを普通の人より持たなかったら、どれだけ一生懸命やったって上じゃ通用しないですよ。こだわりを極めるしかない。彼がフォワードとして成功するには、それしか方法論はありませんよ。ただ、すごいサッカー小僧で、言えば言うだけ吸収する選手と思ったから言い続けたんです。だけど、言い続けてよかった。僕の立場からすれば、そう思いますね」

一方の武藤も、今は感謝していると言った。

「僕の性格をわかって怒ってくれていたんだと思います。これもよく言われていたけど、調子がいい時はすごくいいプレーをする。でも、うまくいかなくなるとガクッと落ちる。波が激しすぎると。だから一喜一憂するな、常に謙虚でいろと。そういう性格だから一年中、むしろ4年間、ずっと怒られていたという感じです」

中野は表情を厳しくして続けた。

「何回もいうけれど、大学生は厳しいこと言われているうちは、もっと可能性があるってことなんです。流経のOBがJ（リーグ）に行って試合に出ています。他の大学と比べても多いと思います。その違いはただ4年間、気持ちよくサッカーをやってきたか、うるさいこと言われ続けたかの違いなんです。世の中の指導法のあり方が、今は選手を理解して楽しくやるとか褒める指導が主流じゃないですか。もちろん僕も褒めたりしますよ。だけど、もっと高いレベルを追求したら、厳しくしないと。たとえ優勝しても『優勝してよかった』だけじゃ何も残らない。『優勝してよかったけど、おまえがもっと上のレベルでやりたいなら、こういうところを意識しないと通用しないんじゃないの』と、自惚れさせないようにしないと。常に上を目指す、世界にはもっとすごい奴がいることを意識させる。Ｊ１に行けばいいやじゃなくて、世界にはボールを蹴るだけで何十億と稼ぐ選手がいる。そこを目指すポテンシャルがあるなら、そこを目指すべきじゃないですか」

可能性があるから厳しく言い続けたのだ。それも4年間——実に長い期間である。言われる方も大変だが、言う方も重労働である。そこには理不尽にただ怒鳴り散らしているわけではなく、選手の将来を思ったうえでの叱責だからお互い辛抱できたのだ。

さらにＪリーグチームや日本代表との練習試合が武藤の自信となった。

武藤はすごく楽しい経験だったと語る。

「すごくレベルの高いチームと試合ができて楽しかった。僕が3年の時は岡田（武史監督）ジャパンと練習試合を何試合かやって、一回勝ったことがあるんです。そうしたら新聞が騒いで。Ｊリーグのチームには結構、勝ってましたよ。自分の力がある程度わかるし、いい経験になりましたね」

1学年上の宇賀神友弥、林彰洋、1学年下の山村和也は代表サポートメンバーで相手チームだったが、増田卓也、比嘉祐介らを擁した豪華メンバーだった。

流経大はJリーグのチームと頻繁に練習試合をするが、Jリーグ開催日の翌日が多く、相手にとっては試合に出なかった控え選手の調整の場である。こういった試合は阿部吉朗がいた当時から行われてきたが、中野にすれば調整でもなんでもない。勝負の場である。

武藤の3学年上の澤口雅彦が証言する。

「監督は相手が代表でもJリーグでも本気で勝ちにいきますからね。リーグ戦と同じ、本気ですよ。天皇杯で勝ち上がる意識だから、Jリーグ倒すぞって。一度、鹿島との練習試合でいい試合して僕らが勝ってたんです。そうしたら向こうの監督が途中でヤバイと思ったんでしょうね。『もう止めよう』と言ってきて止めたことがありました。その時はやったぞという気持ちでしたね。自信になりました」

監督が本気にならなければ選手が本気になるはずがない。自信は本気から生まれる。武藤の自信もこうやって生まれたのである。

武藤に中野の印象的な教えを問うと、迷わず「礼儀」「謙虚さ」と答えた。

「寮生活だったからルールには厳しかった。僕が4年の時に寮の近くに一軒家を建てて引っ越したけど、それまで監督と奥さんの博子さんも寮で一緒に住んでいましたからね。朝5時過ぎぐらいから博子さんが朝ご飯を作ってくれるんですけど、これが当たり前だと思うなとよく言われました。サッカーができることが当たり前だと思うなとも言われました。親があってこそ、審判がいてこそとか、いろんな人に支えてもらっていることを忘れるなと教えてもらいました」

朝食の時にパーカーのフードを被っていて中野に叱られたことがある。

「なんだ、その態度は。みんなが朝早く起きて作ってくれてんのに、顔も洗わないでっ！」

起きてそのまま食堂に行くと、

「寝癖で来るな！」

朝6時から中野の怒声が飛んだ。武藤が振り返る。

「そうやって少しずつ社会人としてというか、常識的な部分を教えてもらった。寮だから家のような感覚だけど、違うんですよね。身だしなみは必要だと。今もキャンプでホテルのレストランへ朝ご飯食べに行く時とかキチンと髪は直します。いろんな人に見られますからね。寝癖で行ったらおかしいですよ。大人のやることじゃない」

選手である前に社会人としてのマナーは必要である。だから中野はマナーにもこだわる。それを代表するのが審判への抗議だろう。中野はフェアプレー賞をプリマハム時代に2回、流経大に来て大学・JFL・ユニバーシアード監督と合わせて計6回受賞しているだけに、選手への要求も厳しいものがある。

ある練習試合で流経大の選手が審判に暴言を吐いた時のこと。中野は、たとえ判定に不満があっても、審判への抗議は許さない。すぐに選手をベンチへ呼ぶと、

「誰に文句言ってんだ！」

試合中に関わらず、その場で引っ叩いた。

その光景を目撃した武藤はこう言った。

「試合中に、その選手がベンチに行くからどうしたのかと思って見ていたら…こっちは一人足りないまま試合していました（笑）。今の時代ではありえないけど、勝負にこだわる一方で、そういうルールとかマナーには厳しかった」

こういった中野の指導が武藤の成長を支えたわけだが、寮生活の影響も大きかったようだ。1年生の時は2学年上の三門、宮崎、保崎、1学年上の金久保との5人部屋で、先輩と同じ空間にいるだけでドキドキした。怖いと思っていたが、みんなまじめで試合が終わるとビデオ室に向かった。武藤が同行すると、「こうした方がいいよ」とアドバイスがもらえてうれしかった。

また、寮の周囲にはパチンコかファミレスしかない環境だからサッカーに集中できた。大

学生活はすべてがサッカー中心の生活だった。

「大学はきつかったすね。もう一回、やりたいかって言われたらやりたくはないです。プロになって仙台の時はいろいろうまくいかないことがあったけど、それより大学のほうが辛かった（笑）。ありがたいですけどね。大学のおかげで今があるわけだから。だけど朝7時から200何段の階段は上りたくないです（笑）。だって試合に負けると、次の日の休みがなくなるんですよ。監督が『おまえら同じ大学生に負けて恥ずかしくねえのか。プロに行くっていうのに。負けたんだろう。明日は練習な』って。僕が4年の時は何回休みがなくなったことか。それで走らされるんですから」

これまで何度か話に出てきた『たつのこ山』の階段のことだ。冬場とか夏休みとか試合のない時期になると朝から上らされた。それも10往復以上は繰り返された。途中で吐く者、足がガクガクして手すりを支えに降りてくる選手もいた。厳しい練習だったが、間違いなく今に役立っていると武藤は口にした。

そんな彼に、プロで成功するために必要なことを尋ねてみた。

「選手一人ひとり特徴はあると思うので、そのうえで走ることであったり戦う事であったり、監督が求めていることをやることじゃないですか。僕自身、特別なスピードとか特別な技術があるわけじゃない。それでも30過ぎてＪ１とかプロでプレーさせてもらっているのは、そういう献身的な部分が評価されているからだと思います。大学時代にその一番基本的な部分を叩きこまれたのが良かった。だからこそ、苦しい時でも走れるのかなと思いますね」

武藤のケースでは、どうしても紹介したい話がある。ベガルタ仙台から浦和レッズに移籍する時のこと。

武藤は移籍に際し、中野に相談の電話をかけている。

「仙台に残る選択もあるけど、それはやりたくないんです」

「他にどういう選択肢があるんだ」

「浦和とベルマーレ（当時J2の湘南）からオファーがあります」

「条件は？」

「仙台に残るよりはいいけど、どっちも変わりません」

「だったら、おまえ神奈川出身だし、ベルマーレにすれば。仙台でバリバリ試合に出ていたわけじゃないから、ベルマーレの方が可能性はあるだろ。レッズに行っても出られないよ」

武藤は「はい」と素直に答えて電話を切った。

中野はこう振り返る。

「どこに行っても監督に認められなければ試合に出られないんだけど、その時の各チームの選手層を僕なりに見たとき、確実に試合に出られる方がいいと思ったわけですよ。そういう意味でレッズは厳しいと思ったから湘南を薦めたんです」

それから間もなくして武藤から電話があった。

「浦和レッズに決めました」

「おまえ、人の話聞いてないだろ。だったら俺に相談すんなよ」

中野は笑いながら言った。

「あいつ、最初から浦和と決めていたんですよ。一応相談してきたけど、最初から浦和で勝負してみたかったみたいです。でも、あれだけのメンバーのなかに入ってすぐに試合に出られるかといったら、普通は思わないですよ。たまたまファーストチョイスの選手が大怪我して出番がまわってきた。武藤は、そのチャンスを生かしたんですよね」

その話を武藤にすると、また大きく笑った。

「そうそう『おまえ、人の話聞いてないだろ』って（笑）。もちろん行くとなったら応援してくれたし、試合に出るようになってからも『よく頑張ってるよ』と言ってくれたし、代表に入った時も電話くれて『すごくうれしい』と言ってくれて。僕はそれがうれしかったです」

２０２５年からファジアーノ岡山でプレーすることになった元日本代表の江坂任もよく叱

られた。

「サッカー中はめっちゃ怖いです。勝ちにすごいこだわる人だし、それが前面に出てしまうというか、こっちが勝つためのプレーをしていなかったら怒られました。プレーに意図がなかったり、伝わるものがないと、ベンチ前に立って怒鳴るんです。『なんでそこで止めんだよ』『なんで切り替えないんだ』とか。怒られて腹たつこと？　何回もありましたよ。それをバネじゃないけど、見返すというか、そういう考えでやってきました」

一番印象に残っているのは、大学最後の大会である２０１４年の全日本大学サッカー選手権大会（インカレ）だという。

大会直前、江坂は寮の近所にあるファミリーレストランに呼び出された。

「おまえ、優勝する気あんのか？」

中野が厳しい顔を見せている。その日行われた

写真提供／流通経済大学サッカー部

武藤と同じく「叱られて」日本代表にもなった江坂任。監督を見返したい一心で頑張り、才能を開花させた。

練習試合で江坂は思うようなプレーができなかった。中野の目には、それが気を抜いたプレーに映ったのだ。

「最終学年の、しかも最後の大会だぞ。わかってんのか！」

中野の声が次第に大きくなっていく。江坂は謝罪しているつもりだったが、中野にはうまく伝わらなかった。

「おまえなんか、試合に出さねーよ」

中野の怒りに、最後のインカレはベンチで終わるのかと思った。だが、大会が始まると、スタメンに名前があった。

「監督は、ほんま4年には求めるんです。4年が頑張るチームはやっぱ強いですから。結局、使ってもらって活躍もできて優勝もできたんでよかったです」

実をいうと、江坂にはこのインカレで活躍しなければいけない理由があった。大学生活最後の大会になっても進路が決まっていなかったのだ。中野にすれば、チームの優勝はもちろん、自分の将来がかかった大会を前に気の緩んだプレーをする江坂が許せなかったのだろう。結果、奮起した江坂の活躍で流経大は全国制覇を果たし、自身は4得点で得点王に輝いた。しかし、それでもオファーは届かなかった。

江坂は落胆した。

当時、ＦＣ東京でプレーしていた前出の塩田仁史が準決勝戦を観に行くと、観客席に中野夫人の博子を見つけ、隣に座った。

「あの10番、まだ就職活動しているんだよ」

と博子が心配そうに言った。塩田が見ると、背番号10番は鋭いシュートを打っている。

「あれでどこも決まらないのか。どこか決まりそうだけどなと思って見てたら、任だったんですよね。マジで見る目ないな、スカウトは。パッと見て、Ｊ２ならいけると思いました。シュートってポテンシャルですよね。あいつ、右も左も蹴れるし、すごいシュート打つんです。今、シュートを打てる子って実は少ないんですよ。ドリブルとかコントロールパスとかばっかやってるから、いいところまではいくけど、決められない奴が多いんですよ、プロでも。だから、任を見た時、いいじゃんと思いました」

江坂の評価の低さに一番納得いかなかったのが中野だった。

中野は会場でプロのスカウトを見かけると声をかけた。どこもスカウト活動が終わっているのはわかっている。選手枠の空きもないだろう。それでも声をかけた。インカレ決勝戦の前日には社会人の関東サッカーリーグの表彰式に参加した。そこにいた昔からの知り合いにも頼んでみた。

「うちにいる江坂っていう選手の所属先がまだ決まってないんだよ。昨日の準決勝でも活躍したし、明日の決勝戦も活躍すると思うんだ。なんとかならないかな、絶対、モノになるから」

すると知人は困惑した表情を見せた。

「編成も終わったし、予算も全部使っちゃってるんだよ」

「頼むよ。俺が保証するから」

「まあ、中野がそこまで言うなら考えてみるよ。でも、月15万円しか払えないよ。年収180万だけどいい？」

「いいよ、必ず戦力になるから」

後日、改めて正式なオファーが来た。それが当時Ｊ２のザスパ群馬だった。そして1年目から13得点を決め、シーズン後に当時Ｊ１の大宮アルディージャに移籍。さらに2年後の2018年、柏レイソルに移籍。1年目から背番号10番をつけて活躍すると2021年に移籍した浦和レッズでも活躍。さらに2021年には日本代表にも選ばれている。

中野は群馬に頼み込んだ理由をこう言った。

「力があるからですよ」

たった一言で結ぶと、一気にまくし立てた。

「本当に力のある選手に対しては僕らも動きますけど、力がない選手は動いても結局2、3

年でクビになるだけ。好きとか嫌いで動いているわけじゃないんです。ある程度のポテンシャルがあるか、大学4年間努力したか。努力できる人間は成長しますから。別に僕は誰がプロになろうが構わない。流通経済大学のなかで誰にレギュラーになってほしいというのもない。一生懸命やってうまくなった選手が試合に出てプロになればいいんです。よく学生は『あいつは監督に気に入られているから』とか言うじゃないですか。何度も言うけど、だったら監督から好きな選手だって思われるようになれよと。ここの監督はどういう考えでどういう理念を持っているというのを汲み取ったうえで認められようとすればいいのに、それもしない。努力もしないくせに自分は出来る、チャンスがないのは監督のせいだって思っている。そういう人間はどこに行ってても何をやっても結果は同じですよ」

そう言って昨今の学生に見る身勝手さ、客観性のなさを嘆くのだ。

「中学、高校で下級生の時は3年にすごい選手がいたら、その先輩が引退しないと自分の出番はないと思うじゃないですか。大学も一緒なんですよ。だけど、高校選抜とかアンダー19代表とか、何県の国体選手とか、肩書持っていると1年なのに『試合に出られないんじゃやってらんねえよ』って言うんですよ。それも僕に聞こえるように。バカじゃないかと思いますよ。うちにきた高校選抜の子は、あまり成功していないんです。途中で大学辞めたり、鳴かず飛ばずで4年間終わったり。共通しているのは自惚れですよ。自惚れている選手は伸びません。人の話を聞かないから。自分のやり方が正しい、自分は間違っていない、自分は努力していると思い込む。結局、その自惚れが成長を邪魔しているんです。その点、高校で失敗してきた人とか結果を出していない人は飢えてますよね。だから人の話をよく聞いて取り入れようとするし、人がやっていることを盗み取ろうとか吸収しようとする気持ちがある。だから成長するんです」

それはJリーグのアカデミーから来る選手にも通じるという。

「大学に来た入り口でのレベルは高いですよ。だって地域にいる子供たちのなかからピックアップして、Jリーグがみんな取るわけですよ。そこに漏れた子が頑張っていると次の段階で取る。中学の部活で頑張ったら高校に行く時にユースが取る。そうやって選ばれたうまい子だけでやってくるからエリート意識が強い。だからトップから漏れて大学に来る時はレベルが高いし1年からトップチームに入れるわけですよ。だけどユースの子はここから伸びない。なぜなら謙虚さがないから。なんで俺を使わねえんだと思ってるから。でも高体連の子たちは、ここから伸びるんです。どうやったらうまくなれるんだと謙虚な姿勢で努力する。だからうちで試合に出ているのはほとんどが高体連出身の子なんです」

実際、他の流経大指導者、現役選手、ＯＢの誰に聞いても流経大に来る選手のほとんどはカテゴリーに区別なく足元の技術が高く、さほどレベルの違いはないと口を揃える。

では違いは何なのか。

それが『意識』である。客観的に自分を見つめ、レギュラーとの違いを分析できるか。あるいは自惚れたまま、自分の方がうまいと努力を怠るか、間違った方向に努力してしまうか。その違いなのである。

だから中野は自惚れを感じる選手に対して厳しく接してきた。江坂に対しても、「自惚れさせないため」に叱り続けてきたのだ。

江坂は神戸広陵高校から2011年に流通経済大学に進学した。

「他の大学も考えたけど、流大は関東でも全国的にもすごい大学だったんで受けてみようと。もちろんプロになるためです。自分が入学する前に三連覇とか一年で十何人がプロ入りしたとかあったから、プロになるためには一番近いと思ったんです」

江坂はどうしてもプロになりたかった。その理由が現在、横浜FCに所属する小川慶治朗の存在である。小川とは小学校時代に同じチームでプレーしていたが、中学校でヴィッセル神戸のジュニアユースを揃って受験。合格した小川に対し、江坂は不合格。悔しかった。しかし、現実は残酷で、そこから二人の差はさらに大きく開いていく。小川はユースに進み、チーム初となる2種登録選手としてユース所属ながらJリーグデビューを果たすなどエリート街道を驀進する。一方の江坂は高体連でプレーするがプロから声がかからず大学進学するしかなかった。プロを目指すため、小川に追いつくための最後のチャレンジだった。

だが、1年時のトップチームには山村和也や増田卓也らオリンピックにも選ばれる錚々たるメンバーが揃っていた。

「もちろん1年目からトップチームに入ってやろうとは思ってましたけど、本当にレベルが高かったんで、すごい遠い存在というか、ただただすごいなという目で見てました」

同学年にも全国高校選手権を制した流通経済大学付属柏高校のメンバーが顔を揃えるなどレベルの高い選手が数多くいた。ちなみに1年生の夏頃、トップチームに同学年から三人が昇格している。ひとりはプロでも活躍した川崎裕大(元サンフレッチェ広島、横浜FCなど)だが、残る二人は2年生の時にトップチームから外れると、それ以来トップチームには戻ってこなかった。

「トップでは試合に出られないから下のカテゴリーで経験させたかったのか、僕には意図がわかんないけど、能力的には全然すごい選手だった。でも、下に行ったままでしたね」

前述した入学時はレベルが高いが、自惚れが邪魔をしたケースかもしれない。

江坂はレベルの高いサッカーは覚悟していたが人生初の寮生活には馴染めなかった。

「ずっと実家だったし、ひとりの空間がないのはきつかった。慣れれば楽しくなりましたけどね。食事は問題なかった。ただ監督が作るのは、すごい違和感があった（笑）。大学の監督が選手のご飯作るなんて、聞いたことないですからね」

これまで何度も書いたがルール違反による連帯責任での罰走には怒りを覚えたという。ちなみに江坂の時代の罰走はたつのこ山の往復10本、あるいは寮前と呼ばれる寮の周辺約6キロを走らされた。

「ふざけんなと思ったけど、それは原因を作った奴にですよ。でも、チームスポーツなので仕方ないのかなと。みんなでなんとかしようという事ですからね。だけど、そういうことって社会に出れば普通にあるわけで、いい経験になったと思います。ただ、今思うとあれほど理不尽なことはないいんじゃないかと思います（笑）」

江坂は2年に進級すると同時にトップチームへ昇格した。進級直前、1年から3年のめぼしい選手が集められ紅白戦を行い、そこでの活躍が認められたのだ。

「自分でもプレーが認められたと思っていたけど、2年の時はほとんど試合に出ていないんです。ほんまトップにいただけ。トップにはいたけど、ベンチにいたり、途中から出たりするぐらいで、上がれたのはいいけど、これじゃあかんなと思いました」

江坂は自分のプレーは何か、特徴は何か。試合に出るために必要なことは何か、考え始めた。監督は何も言わない。1年時に在籍したチームのコーチだった川本大輔もこの年からトップチームのコーチとなったが、彼もまた何も言わなかった。

江坂が出した結論は『得点にこだわる』ことだった。

チームの全体練習が終わると個人でシュート練習を繰り返した。試合や練習で決められなかった場面を思い出し、キーパーに手伝ってもらいながら打ち続けた。どういうシュートが効果的か、決めるためには何が必要か、探し求めた。

「僕は体が大きいわけでもないし足も速くない。だからボールがないところでの動きは意識しました」

動き続けることでチャンスを作り、ゴールを決めた。3年になるとスタメン出場が増えてきた。

「得点のところで力を発揮できるようになったことがデカかった。点を取れば認めてもらえる。素直に結果で認めてもらえるというのは感じました」

江坂が成功できた理由のひとつが、ずっと叱られてきた中野を見返したい思いだった。

たとえば4年生の総理大臣杯予選。すでに本選出場を決めた流経大は上位進出ほど有利な組み合わせになる順位決定戦を残すだけだった。ある試合で4年生は江坂しか出場しないことになった。もともと3年生主体のチームだったが、4年生としての責任がある。

その日は雨が降っていた。

「雨降っているからバックパスするな。ボールが止まるから」

試合前から監督に注意されていた。とくにディフェンスがバックパスすれば致命的なことになりかねない。ところが1年生がキーパーにバックパスをしてしまい、それを奪われ失点すると、ハーフタイムで江坂が叱られた。

「おまえ4年だろ、おまえのせいだ。後半に取り返して勝たなかったら全国大会、連れて行かねえからな」

江坂は納得できなかった。

「『ふざけんな』と思いましたよ。俺4年やけど、ディフェンスじゃないし、無理やろと。結局、後半に1点取って、1アシストして勝ったから結果OKだったけど、クソ理不尽やんけと思いました」

また3年生の総理大臣杯決勝での明治大学戦ではこんなことがあった。前半で2失点すると、試合中、中野は江坂を叱ってきた。

「理由がわからない。なんで僕が怒られるのか、他におるやろという感覚ですよ。すべてのプレーに関しておまえからやと。僕のミスが原因だというんだけど、全然、俺からは遠いやろという感覚でした」

これは武藤の場合と同じ理屈かもしれない。江坂のミスが発端となって失点した。だから中野はディフェンスではなく原因を作った江坂を叱ったのではないか。

あるいは他に違う理由があるのだろうか。

とはいえ、当時の江坂には理解できない。

「うぜえ」と思った江坂は奮起して前半でゴールを決めた。

「その時、ベンチと逆側だったから絶対に聞こえないと思って『どうやねん』て監督を指さしてやりました。で、後半も得点して逆転して優勝したんです」

この年、江坂の活躍で流経大は全国制覇を果たした。

この一件を中野に話すと、うれしそうに笑った。

「それでいいんじゃないですか。見返そうという気持ちも大切ですよ。見返そうというのは認めてもらいたいってことじゃないですか。俺はいいはずなのになんで評価されない、認めてもらいたい、だからやってやる。プラス思考ですよね。俺はうまいのにって愚痴を言う人は努力をしていないんですよ。だから見返そうってなることが僕らの目的のひとつでもあるんです。僕の思い通り？　どうかなあ（笑）。でも、そこでくらいついてきた子は伸びてますよね。そこを乗り越えた人は、もう一個上のカテゴリーで成功しているというかうまくいっている選手が多いです」

中野に叱られることで江坂は奮起し爆発力を見せた。反発心が彼を育てたのだ。これが中野の考えだったのかもしれない。

江坂は感心するように言った。

「監督に叱られて、選手たちもそれで負けたら悔しいから頑張って、それで勝ったりするんです。逆転とかしちゃうんです。すごいなと思いますよ」

もちろんそれで潰れた選手もいる。

「それこそトップにいたけど、3年4年はトップにいないみたいな。技術的にはうまいけど戦わないから試合に出られない選手もいましたよ。そこから這い上がってくる奴が強いというのが監督の考えだと思うんです」

腐る選手は試合でも戦えない。不利な試合展開になるほど、自分のプレーが思い通りに行かないほど、言い訳をして投げやりになることが多い。だから中野は自惚れを感じる選手ほど厳しく接して戦う姿勢を引き出してきたのだ。

その一方で、また違った意見がある。前出の三門雄大はこう言う。

「僕も1年の時から『負けたらお前の責任だ』って言われてきた。その時は何言ってんだと思ったけど、それぐらいの気持ちでやれという思いだったんでしょうね。そのくらいの責任感を持てと。僕自身、そう思えるようになってからプレーが変わりました。自分のプレーに責任を持つようになったし、周りがミスしたら自分の責任のように守備したり。それを中野さんは武藤にも江坂にもわかってもらいたかったんじゃないですか」

もっと大きな視点からサッカーを見てほしいというのだ。確かに江坂のケースでも、そういう解釈はできる。中野が求めたのは責任感だったのかもしれない。

江坂は大学4年間を感慨深そうに振り返った。

「メンタル的に流大に行って良かったと思います。それこそ試合に出れへん時期が結構、長かったじゃないですか。そのためにプレーで見返さないといけないっていう精神が育まれたと思う。だから群馬に行った時も見返さないといけないというメンタルでやって、それで認められて移籍できた。なにくそ精神じゃないけど、大学時代は監督見返して試合に出る。点取らないと試合に出続けられないから点取るために必死でやってきた。プロになったら上に行くために点を取らなければいけない、アピールしなければいけないという思考になったんだと思います」

そして最後にプロで活躍するために必要なことを尋ねた。

「認められるには何が必要か考えながらできる、上に行くためにはというのを考えながらできる人じゃないとつまった時に終わっちゃいますよね。流大はみんな平等に出れへん時期がある。その時期にどうするか考えるじゃないですか。他の大学に比べると技術が高い選手がめちゃくちゃいる。けど試合に出られない。こいつより俺の方がうまいのに出られないみたいな。そういう時に出るためにはどうすればいいのかと考えてプレーする。それはプロでも同じ。出れへん時期にそれができる。だから流大の選手はプロでも長生きする選手が多いんじゃないですか」

改めていうが、こういった中野の指導法は、どちらかといえば、時代と逆行しているといえる。もちろん時代とともに彼も進化を見せ叱責から見守る指導にシフトチェンジしているが、合理性にこだわる現代の指導者とドライな選手との関係と違い、全寮制をはじめ密接な距離にあるのは変わらない。本来なら、それを嫌がり部員が年々減少しても不思議ではないところだが、現実は違う。毎年、確実に増え、2024年現在267人を数える。これは何を意味するのか。今も関東大学サッカーリーグ1部に存在し、プロ選手を輩出していることを考えると、現代の若者は昭和の親父的熱い指導を決して嫌っているわけではないように思える。中野のやり方は、若者の教育に悩む現代の大人にとって良いヒントになるのではないだろうか。

第8章

確執、そして希望

未来を見つめて

写真提供／市田実

指導者なら選手の将来性を考え、同時にチームを俯瞰の目で捉えられなければならない。未来を見据える名将の目には、今、何が映っているのだろうか…

「昔は選手200人の家族に感謝されていると思っていたんです。毎日、目玉焼きを焼きながら本当にそう思っていました。でも、ある時から試合に出ている、あるいは絡んでいる一割から二割の家族はそうだとしても、残りの八割の親からは良く思われていないと考えるようになったんです。結局、なんでうちの子を使わないんだっていう不満を本人も親も持っているのが普通なんです。そう思っている方が気は楽ですよ」（中野）

中野雄二監督は選手の育成とチームの強化のためにいくつものチャレンジをしてきたわけだが、ここでもうひとつ紹介したいエピソードがある。

2005年、この年に入学した前出の三門雄大と池田圭を含む1年生の三人を一か月間だけだがブラジルへ短期留学させたのだ。

中野は理由をこう説明する。

「その頃の流経は、それほどプロ選手を出していたわけではないし、たいして強くもなかった。それに『世界を目指せ、世界を目指せ』というけど、経験がないからわからないじゃないですか。それで、どうせなら世界のレベルを肌で感じさせてやろうと。予算的に全員は無理だから、今後中心になるだろう下級生をピックアップしたわけです。自分たちは頑張ってきたけど、世界はもっとすごいんだっていうのを、パーソナリティがしっかりした人間が持ち帰って、チーム内で、こんなんでどうすんだよと、ブラジルはこうなんだよっていうタフさ、強さをチームに落とし込んでほしいと思ったんです」

ブラジル留学について尋ねると三門は苦笑いを浮かべた。

「つらかった。やることないし、向こうの少年にはジャポネーゼとバカにされるし…」

留学先はブラジルのユース年代で、彼らよりも年下だった。そこで日本人というだけでバカにされた。

彼らのサッカーはボロボロのスパイクで激しい当たりを見せ、誰もが自分でゴールを決めようとした。そこには絶対プロになる、生活がかかっているんだという迫力がにじんでいた。

日本とかけ離れた環境に三門は圧倒された。

「向こうの選手はハングリーさがすごかった。そういう選手から見れば、この日本人は何しに来たんだと思ったんでしょうね」

毎日のような嫌がらせに加え、サッカーではパスが来ない。疎外された空気にいら立った。

ブラジルに渡って2週間が過ぎたある日、それがピークに達した。試合中、ついに三門が切れた。ライン際の攻防で相手選手の足を思い切り削った。わあっとオーバーなアクションで倒れると、相手ベンチの選手や監督が立ち上がって抗議した。

三門は立ち上がり、地面に唾を吐いた。

「なめんなよ！」

日本語で叫んだ。相手選手も立ち上がり向かってきたが、三門も引かない。相手の抗議に厳しい顔で挑む日本人にチームメイトの目が変わったという。

「なんだ、あいつやれるんだと思ってくれたんじゃないですか。それからパスが来るようになったし、若干打ち解けましたから。たぶん、最初はなよなよしてるし弱っちいなと思ったんでしょうね。そうやって激しくいったり、態度に表わさないと認めてくれないんです」

日本人はブラジル人と違って、新しく綺麗な道具に身を包み、いつもニコニコ。バカにしても意味がわからないから笑っているだけ。サッカーも同じで悪くいえばおとなしくて、やる気があるのかないのかわからない。彼らにすればコミュニケーション不能の宇宙人のように映ったのだろう。三門が見せた激しさにようや

写真提供／流通経済大学サッカー部
ブラジルへの武者修行を経て、チームの主軸として活躍することになった三門雄大。

く同じ人間だと理解できたのだ。

池田はブラジルで感じたサッカーの違いをこう言った。

「みんなハングリーで常にアピールするし、そういうところは自分たちにはない感覚だと思いました」

ユース年代でも人生をかけていた。日本では見たことのない熱量だった。池田は続ける。

「とりあえずシュートを打つ。パスじゃないんだ、ブラジルじゃゴールを決めた奴が偉いんだと痛感しました。たった一か月しかいなかったけど、点を取れば使ってくれる。結果を出さなきゃ使ってくれない。みんな生活がかかってるから、そこにこだわるというのは勉強になりました」

結果にこだわる――そのためにどうすればいいのか。3人がブラジルで学んだことだった。

三門はつくづく自分たちは恵まれていると痛感した。

写真提供／流通経済大学サッカー部

三門と同じくブラジル留学で飛躍を遂げた池田圭（写真左）。厳しい環境が二人を成長させたのは間違いない。

「恵まれた人工芝のグラウンドで、たかが2時間ぐらいの練習で疲れたとか、ありえない。寮に帰れば博子さんがご飯作ってくれていて洗濯機もあれば電気もある、普通の環境がすごく恵まれている。それならブラジルの選手よりもっとやらなきゃいけないんだと当時、思った記憶がある。そのあたりから自分で意識が変わったと思います」

そしてブラジルで生まれた『意識』が三門自身をキャプテンに立候補させ、流経大をひとつにまとめさせたのだ。チーム一丸となり高見を目指す姿勢が功を奏し、関東大学サッカーリーグ戦1部優勝を飾る。さらに三門、池田の他に前出の宮崎智彦、染谷悠太、保崎淳、加藤広樹（元水戸ホーリーホック）、楠瀬章仁（元ヴィッセル神戸、松本山雅FC）、椎名一馬（元ファジアーノ岡山、東京武蔵野ユナイテッドFC）、西弘則（元ロアッソ熊本、大分トリニータなど）、平木良樹（元名古屋グランパスエイト、湘南ベルマーレなど）、山下訓広（元ロアッソ熊本、アルビレックス新潟シンガポールなど）、徐錫元（元城南一和《韓国》）、林相協（元全北現代、釜山アイパークス《ともに韓国》など）と13人同時のプロ選手誕生という快挙につながったといっていいだろう。

こういった中野の本気の姿勢が選手を育てチームを強くしたのは間違いない。しかし、その一方で選手と衝突することも少なくない。

実際、毎年のように進路に関して4年生と衝突し確執が生まれている。選手の将来を思えばこそだが、そういった親心は選手の胸に届かない。

最近はこんなことがあった。トップチームにも入っていない選手があきらめきれずにプロに行きたいと言ってきた。どうやら海外にいる先輩を頼って行くつもりらしい。

中野は大きくため息を吐きながら言う。

「ドイツの4部とかオーストラリアとか、いろいろ海外にいるんですよ。今でいうブラック企業じゃないけど…そんなの探せばいくらでもある。月5万円しか払えないけど中古車を用意するとか、月10万円で住む家は探してやるとか。でも5年後、どうなっているか。なんの保証もない。そういうところは、あとのこともある程度、想像できるじゃないですか。給料未払いとか。結局、26、27歳で日本に帰って来て『監督、どこか入るチームないですか』『どこか就職先ないですか』と泣きついて来るんです」

当然、サッカーを続けるチームはないし、就職だって難しくなる。その後の人生が厳しくなることは誰にでも想像できることだが、自分の夢を捨てきれないのだ。

「千人にひとりとか万人にひとりとか、たまにそういうところから成功する話があるじゃないですか。ドラマとかドキュメンタリーとかで紹介されたような話を持ち出して『僕に可能性はないんですか』と言ってくる。ゼロではないけど限りなくゼロに近いと言います。僕だって意地悪で言っているわけじゃない。4年間の努力の仕方を見ればわかりますよ。明日から頑張りますって言っても4年間で染みついたものはすぐには変えられない」

ここに大学で指導する難しさがある。

「小中高の指導者だったら、たとえば中学なら高校で頑張れば選手権に出られるかもしれないぞと送り出せる。高校でも同じですよね。大学で頑張ればプロになれるかもしれないと。でも大学は違うんですよ。大学ではうまくいかなかったけど、お前ならJ3からでも頑張ればＪ日本代表になれるとは言えない。逆にお前は頑張ったけど、サッカーで食っていくには限界がある。仕事は仕事でお金を稼いで、友達とクラブチームを作って自分のレベルにあったサッカーをやればいいだろうと言っても、子供の頃からの夢だったプロになりたいと言うんです。会社員になって月20万もらえるのとプロで3万円と、どっちを選ぶんだと聞いたら3万円でいいですって。それじゃ買いたいものも買えないし、結婚もできねーぞと言っても聞かない。好きなことで飯を食うって聞こえはいいけど、世の中の大半は好きなことで飯は食えていないし、生きるために仕事をせざるを得ないわけじゃないですか。いい加減、そこは線を引いた方がいいぞという話をした時に、やっぱり一番、溝ができますよね」

ある意味、大学卒業時は夢をあきらめて現実と向き合うけじめの時である。この先の人生を考えた、大人としての決断である。江坂任が入団したJ２ザスパ群馬時代の収入が当時、月15万円で年１８０万円と先に書いた。これより安いＪ２もあれば、Ｊ３になるとさらに給料は下がるという。プロとは名ばかり、サッカーだけでは食べられない状況は少なくないのだ。選手というより、ひとりの学生の将来と捉えたなら、就職を薦めるのは指導者として当然のことと思える。ところが学生とすれば、監督は応援してくれると思っていたのに、無理だ、就職しろとキッパリ断言されるから確執が生まれるのだ。

さらに厄介なことは、その子供の夢に親が味方することだ。

「一度はプロという世界に自分の子を入らせたい。給料が安くても親がサポートするからって言うんですよ。そんなバカな話と思うけど、だから難しいんです。金を稼ぐということを甘く考えている。サッカーだって好きでやってることから仕事に変わるわけですよ。仕事なら、求められることをやらなければいけない。金を稼ぐとはそういうことじゃないですか。流経はプロ志向の部員が多いけど、ここはプロの養成所じゃない。それでもプロになることの大変さを一様にわからせて、そこを目指すならどうあるべきなのか、それを常に言い続けてきた。だから4年になった時、『お前がこれから先、プロを目指すといっても、4年間見てきたなかでは厳しいと思うよ』と評価するわけです。うちは全寮制だから私生活の面でも性格とか特徴とか長所短所も含めてよく見えるわけですよ。プロで成功するか、パーソナリティの部分である程度わかります。10割とは言わないけど、9割以上の確率で当たりますね」

反対を押し切ってプロを選んだ選手の多くは、その後、中野と顔を合わせられなくなっている。それが指導者としては悲しい。プロをあきらめた部員が、その時は確執ができても、数年後、「監督が言っていた言葉の意味がわかりました」と中野のもとを訪れることがある。その時ほど指導者冥利に尽きることはないという。プロで成功する選手はうれしいが、社会に出て地道に働く姿も誇らしい。どちらも中野にとっては同じ教え子なのだから。

また最近の若者に対する指導の難しさをこう語る。

「僕らの頃はきょうだいが多いから下の子は好きなテレビが見られないとか洋服だってお下がりが多かったじゃないですか。それが当たり前で我慢することに抵抗がなかった。でも、今は少子化でひとりっ子か二人兄弟が多い。それでどういう現象が起きるかといえば、小学校低学年から部屋を与えられて、そこにはテレビがあって、へたしたら冷蔵庫もあってという完全に満たされた生活で生きているんです。だからサッカーやってレギュラーになれないとか自分の思うようにならないと人のせいにする。最近の若者がそういう傾向にあることを認識して、そこをどうやって意識改革させるのか。それが重要ですよね。いつまでも昔の方が良かったとか昔のやり方は通用しないわけですよ」

中野はそう言って嘆くと、さらに続ける。

「僕だって今の若者はって言っちゃう時があるけど、彼らは僕ら世代の背中を見て育ってきたわけですよ。だから僕らはその責任を感じなければいけないんです。僕は学生と話す時、常におまえも10年後には父親になるんだからと、必ず父親になることを言います。その時にどうやって向き合うのと。仕事が嫌なら辞めてもいいけど、家族はどうするのと。そういう話をしていくとちょっとこっちを向くようになる。結局、大切なのはコミュニケーションですよね」

極端にいえば、昭和時代の指導者なら上から怒って命令すれば良かった。選手たちはそれに従ってきたが、現代は社会も若者も変わった。時代の変化のなかで部員たちを成長させるために暗中模索しながら日夜奮闘してきたわけだが、同時にサッカー部に対する悩みも抱くようになってきた。

——いつまでも自分がやるより新しい指導者を迎えて、新しい流通経済大学サッカー部を作る時期に来ているのではないか——と。

2020年の2部降格は、まさにそのタイミングで起きた。中野は言う。

「ショックでしたよ。何年もかけて作り上げてきたチームですから。でも、その一方で、これで新しいチャレンジができると思ったのも事実。新しい流経を作らなくてはいけない転換期だとずっと思っていたから、いい機会なんじゃないかって」

そこに曺が指導者として現れたのは、まさに渡りに船だったという。

「うちにも何人かコーチがいるなかで、なんでこのタイミングでこういう言葉を発しないのか、なんでこのポイントが直せないのか、試合や練習のなかで結構、ストレスを感じていたんです。もちろん、サッカー観はみんな違うわけですよ。僕と同じ見方をする必要もない。だけど、このタイミングで言わないと、この子は変わらないと思うわけですよ。そういうストレスがあったけど、𠮷さんは、僕とほぼ同じタイミングで僕が感じることと同じようなことを指摘してくれる。サッカーの見方が近いからストレスが少ないんです」

だからすべてを任せてきた。おかげで、わずか1年で関東大学サッカーリーグ1部復帰を果たしたが、同時に𠮷はJリーグの監督として戻っていった。そして新たな後継者を育てるという課題が残されたのだ。

中野が考えるリーダーの資質は『決断力、説得力、責任感』の三つを兼ね備えていること。それを身につけ、発揮することの難しさは、中野を見ているとひしひしと感じる。

では、改めて、コーチ陣について説明したい。2024年現在、267人の部員、7チームを持つ流経大には9人のコーチがいる。これだけの規模は全国の大学チームを見渡しても、おそらく流経大だけだろう。各カテゴリーに専属コーチを配し選手をサポートする。そしてコーチミーティングでの意見交換から選手の成長度合いなどを話し合い、選手の配置転換を行うのだ。メンバー変更が行われると、すぐに試合で起用する。それが選手のやる気を引き出しているのはいうまでもない。

　では、そのコーチに求めるものは何か？

「コーチはそれぞれのサッカー観があっていいし教え方も自由でいいと思う。ただコーチは中間管理職みたいなものだから監督が示した方向性に合わせる必要はある。僕が良く言うのは、選手の前で『俺はそう思ってないけど監督がなあ』っていう言い方はやめろよ。それはおかしいだろ。流通経済大学の理念はこうなんだよ、監督の教えはこうだというのを伝えるのがコーチだろと。それはうるさく言ってます。ただ前にも言ったけど、教え方は自由でいい。コーチのサッカー観があるんだから教え方までこうしろとは思わない」

　中野の要求が高いことがわかるだろう。チームの方針を理解し、独自の指導をする。それにはチームの未来、選手の将来を深く考えなくてはできないことである。

　一方、現場のコーチはどう考えているのか。長年、トップチームで指導している川本大輔は流経大コーチとしての役割をこう言った。

「監督がどんなことを考えて、どんなサッカーをしようとしているのか。それを考えて、指導するようにしています。監督が怒る前に怒るようにしているけど、監督の発言には、そんなとこまで見ているのかとしょっちゅう驚いてますよ」

　その川本について中野はこう言う。

「僕が怒りそうなことに先まわりして怒るから安心して見ています。流経のサッカーとずれているると思うことと？　それはない。コーチはみんなしっかり考えてくれているからそういう面は安心して見ていますよ」

そして一瞬、間を置いて続けた。

「コーチたちにはヘッドハンティングされるような指導者になって、監督として自立できるようになってほしいんです。僕らの仕事はサッカーだけってわけにはいかない。特にうちは全寮制なんで、私生活とか人としての在り方っていうのを指導のベースに置いている。だけど、意外とサッカーのことしか仕事しないコーチがいるんです。なんで他の仕事をしなきゃいけないんだって心のどこかに思いながらやっているからクオリティが上がらない。やらされている感覚だから。それだと独立した時に困るじゃないですか。親とどう接するのか、試合日程をどう組むのか。運営費をどう捻出するのか。そういったことをすべてひとりでやらなければいけない。最初からこの組織に来たら、ある程度、確立されたなかで仕事ができるけど、アマチュアは中学でも高校でもひとりで全部やりくりしなければいけないんです。だから、ヘッドハンティングされても困らないよう、独立できるように育てたいなって思っているわけです」

定期的に行われるミーティングでは各コーチから報告と意見が出されると前述した。その際、中野はコーチの言葉に耳を傾けると、自分の考えは口に出さず、コーチの意見を取り入れることが多いという。その姿は監督というよりは運営責任者、あるいは企業経営者のように見える。組織の成長に優秀な後継者（コーチ）は欠かせない。ある程度のリスクを背負ってでも育てなければならないと考えているのだ。だから中野は練習メニューも試合のスターティングメンバーも各カテゴリーのコーチに考えさせる。そこで現れた結果が自分の評価になるから、コーチたちも必死になるというわけだ。

実際、そこから巣立ったコーチも少なくない。２０１５年までGKコーチを務め、現在はロアッソ熊本のGKコーチである谷井健二はこう語っていた。

「きちんとポジションを与えてもらって、指導を任せられていています。練習も自分の考えでトライしろと言われるんです」

たまに「その練習の意図はなんだ」と聞かれたという。明確な目的が求められるからコーチとしても手を抜けないのだ。

２０１５年夏の総理大臣杯の時にはこんなことがあった。24人のメンバーで大阪の会場に入ったがベンチ入りは20人のため４人を外さなくてはならない。中野と大平正軌コーチと筆者が会場のヤンマースタジアム長居の観客席から別の試合を観戦していると、そこに川本コーチがメンバー案を手に現れた。中野と大平コーチに見せ、二人の意見を聞きながらメンバーを調整していく。

川本が振り返る。

「僕も大平さんも自由に意見を言います。ただ、選手に一番気を遣うのは監督です。メンバーから外れた選手には自分で声をかけていますから。『次はおまえが必要だから、この試合は我慢してくれ』と。僕はまだそこまで気がまわらない。なかには外れてチームの空気を悪くする奴もいますからね。監督はそこまで気を遣ってるんです」

組織運営からメンバー外となった選手の気持ちまで、中野が細部にまで気を配っていることがわかるだろう。

コーチにはサッカーばかりではなく、もっと広い視野で選手やチームを見てほしい。中野は選手だけでなく、そういう指導者を育てることも自分の使命だと考えている。

その監督の期待に応えるべく、コーチ陣も日々奮闘している。

『決断力、説得力、責任感』の三つを備えた新しいリーダーの誕生はいつの日か。新たな流通経済大学サッカー部の誕生もそう遠くはないかもしれない。

写真提供／市田実

日本で一番リーガーを育てた男は、なぜ大学サッカー部の監督なのか
～流通経済大学サッカー部・中野雄二の信念　完～

あとがき

「あれから13年ですか…お互い、年とりましたね」と中野が笑った。

出会いは2011年。コミック誌『ビッグコミックオリジナル』での連載だった。話題の指導者にスポットをあてたコラムで3回に渡って掲載した。その間、2~3回取材したが、個性的な育成方法はもちろん、特に明快で説得力のある言葉が魅力的だった。再会したのは2015年のこと。彼の魅力をまとめたいと思い改めて筆者から取材を申し込んだ。

あれから9年、何度中野にインタビューしたか。おそらく30回以上、時間にして50時間は優に超えるだろう。合宿や遠征などの帯同も許可してもらえたので取材時間になると5倍以上になる。中野はどんなわがままな取材でも嫌な顔をせず応対してくれた。感謝してもしきれないぐらいだ。

単行本化にあたり、中野の言動はパワハラではないかと心配する声があった。またパワハラを容認することになるのではと危惧する人もいた。

声を大に言う。我々はパワハラを認めない。中野が行った過去の言動はそれにあたるかもしれないが、現在は違うと断言する。ただ、彼のやり方が正しいのか、それはわからない。時代に迎合するわけではないが、かつてのような厳しい指導を控えながら、どうやって現代の学生を指導すればいいのか、常に監督として悩んでいた。その苦悩する姿まで隠すことなくさらけ出してくれた。

この本が若者の指導に悩む世の指導者へのヒントになれば幸いである。

出版するにあたり小学館第四コミック局コミックス企画室の松井秀明氏に世話になった。サッカー大好きな彼の行動力がなかったらこの作品は日の目を見なかっただろう。

流通経済大学サッカー部関係者にも感謝を申し上げたい。各コーチはもちろん、選手やＯＢまで実に多くの人たちの世話になった。ＯＢのなかには取材させてもらいながら、ここに登場していない方も多く、この場を借りてお詫びする。

最後に中野雄二監督には改めて深謝したい。長くしつこい取材に付き合っていただき、心からお礼を申し上げる。

本当にありがとうございました。

流通経済大学サッカー部のますますの発展を心から祈ります。

２０２５年２月

市田実

日本で一番Jリーガーを育てた男は、なぜ大学サッカー部の監督なのか
～流通経済大学サッカー部監督・中野雄二の信念～

2025年3月17日　初版第1刷発行

著者　市田実（スポーツライター・原作者）

協力　流通経済大学サッカー部
写真協力　流通経済大学サッカー部、公益財団法人日本サッカー協会、
一般財団法人関東大学サッカー連盟、市田実
撮影（カバー等）　スタジオ・アウパ　今井恭司
装丁　設樂満
資材　朝尾直丸
制作　国分浩一
販売　佐々木俊典
宣伝　秋本優
編集　松井秀明

発行人　鳥光 裕

発行所　株式会社小学館
〒101－8001　東京都千代田区一ツ橋2－3－1
TEL　編集：03－3230－5428　販売：03－5281－3555
印刷所　萩原印刷株式会社
製本所　株式会社若林製本工場
データ制作　株式会社昭和ブライト

Printed in Japan

ISBN978－4－09－389196－7